シリーズ「遺跡を学ぶ」058

伊勢神宮に仕える皇女

斎宮跡

駒田利治

新泉社

伊勢神宮に仕える皇女
—斎宮跡—

駒田利治

【目次】

装　幀　新谷雅宣
本文図版　中原利絵

第1章　幻の宮

1　官衙遺跡あらわる

幻となった宮

三重県の伊勢市と松阪市のほぼ中央に位置する多気郡明和町《たきぐんめいわちょう》には、斎宮《さいくう》の伝承地がある（図1）。宮殿はすでに跡形もなく、伝承地の「斎王の森」が畑に囲まれてあるのみで、斎宮は幻の宮となっていた。

古代から中世まで、未婚の皇女（斎王《さいおう》）が、天皇にかわって伊勢神宮に奉仕するという制度があった。占いによって選ばれた皇女は都から伊勢へおもむき、天皇の代がかわるまで伊勢の宮殿（斎宮）に暮らし、清らかな日々を過ごしたのである。斎宮には国の機関としての役所がととのえられ、斎王につかえる役人や女官など多くの人びともまた、この地に暮らした。

しかし、中世になって天皇の権威が弱まるとともに、六六〇年間にわたってつづいた斎王制

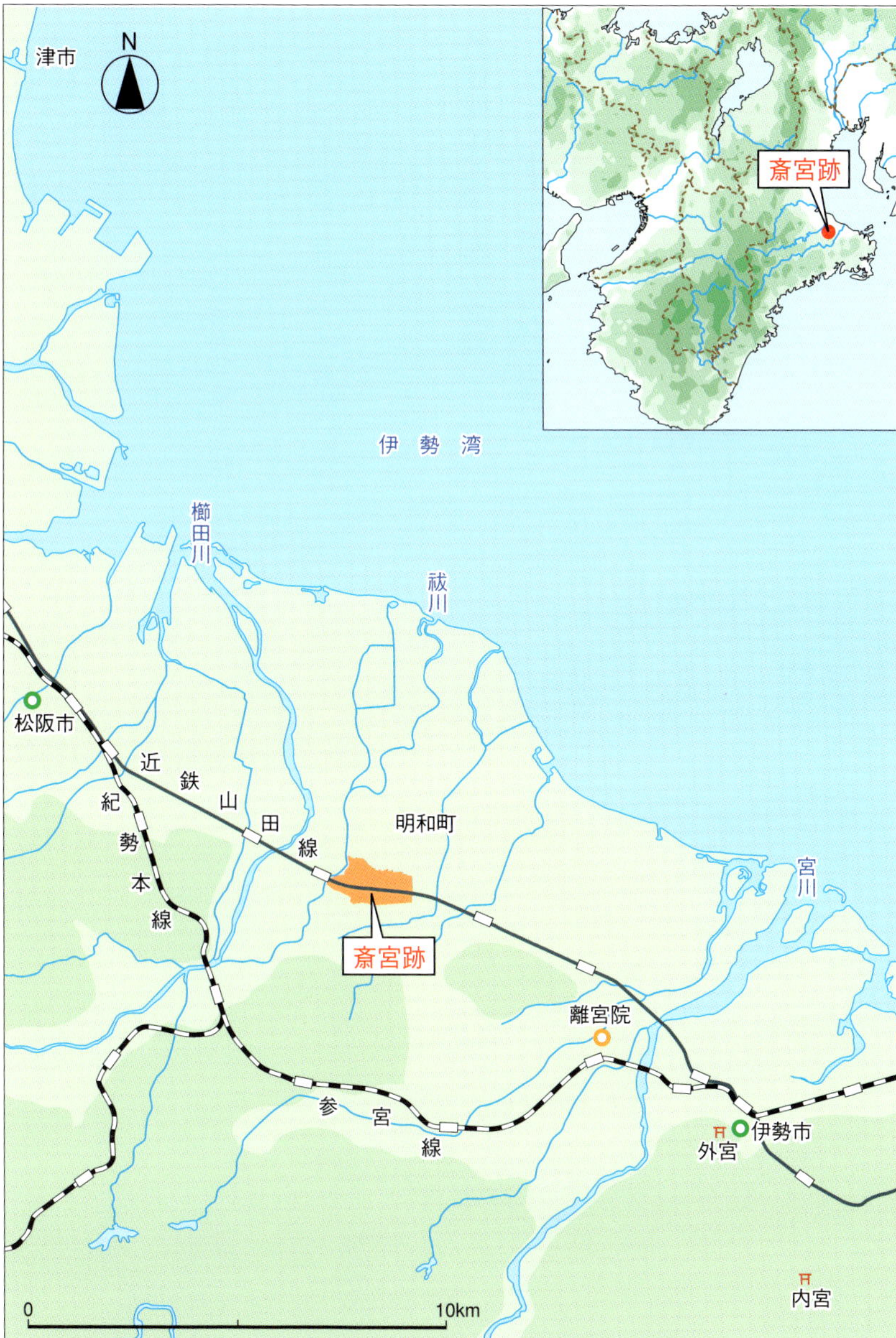

図1 ●伊勢神宮と斎宮
斎宮跡は、櫛田川と宮川にはさまれ、明和町のほぼ中央に位置する。
離宮院へは7km、外宮へは10km、内宮へは15kmの距離にある。

度も終わりをつげる。

史料には、代々の斎王の名や各役所の存在など斎王制度の詳細が明確に記されているにもかかわらず、その所在は漠然としており、どのような建物が建ち並んでいたのかもわからなくなってしまっていた。

斎王が暮らした宮殿を中心に建ち並んでいた官衙《かんが》（役所）は姿を消し、「斎王の森」という伝承地だけが残っていたのである。

蹄脚硯と大型土馬の発見

一九七一年の師走、斎王の森から西へ約七〇〇メートルの古里《ふるさと》地区で発掘調査がおこなわれていた。調査現場に立つ三重県教育委員会の山澤義貴《やまざわよしたか》技師は、手にとった小さな陶器の破片に心を高ぶらせていた。かつて、奈良国立文化財研究所で平城宮《へいじょうぐう》跡の発掘調査にたずさわっていたころの記憶がよみがえっていた。

その破片は、平城宮や大宰府《だざいふ》、多賀城《たがじょう》など奈良時代の国家の役所でしか出土していない硯《すずり》の一部であった

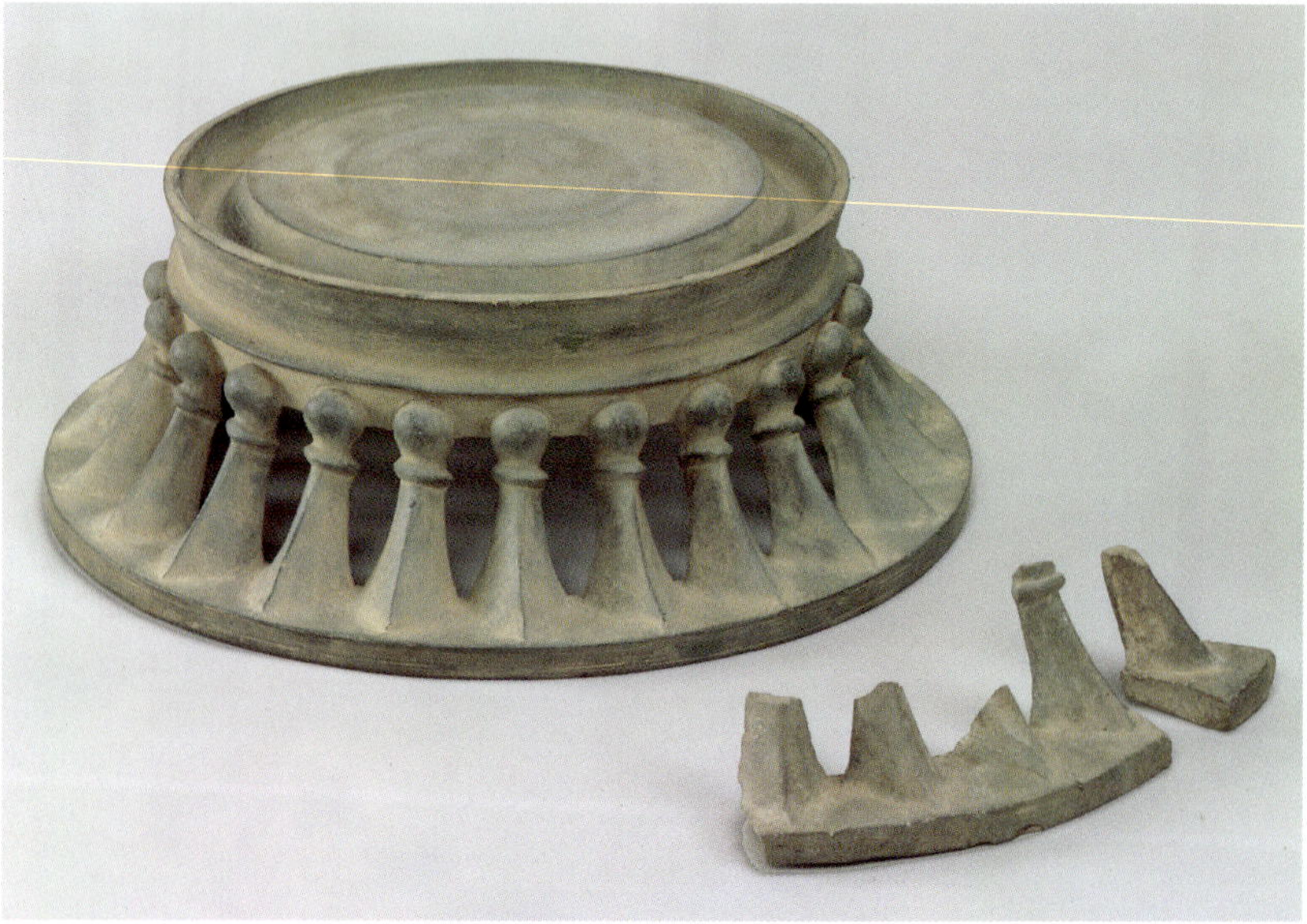

図2 ● **蹄脚硯**
右が出土した破片。都城遺跡でしか出土しないとされていた。

（図2・19）。馬の蹄《ひづめ》の形に似た脚をもつことから、蹄脚《ていきゃく》硯《けん》とよばれている。復元すると直径一九センチ、高さ一〇センチの大型の硯であることがわかっている。

この調査地区では、この時代には神聖な色とされた朱を塗った全長三〇センチの、足と尾を欠いたきわめて大きな土馬《どば》も出土した（図3・19）。全国的にみても、このように大きな土馬はめずらしい。土馬は、古墳時代から奈良時代を中心に用いられた祭祀遺物で、馬の形代《かたしろ》として雨乞いや天候回復の祭祀に用いられたと考えられ、溝や井戸などの水にかかわる遺構から出土することが多い。また、土馬を疫神《えきじん》の乗り物にみたて、これを破壊することにより、疫神の到来を防ごうとしたとも考えられている。

蹄脚硯と大型土馬の出土は、奈良時代の古里地区が一般的な集落ではないことを示していた。このあたりは官衙だったのだろうか。

事実、この後の周辺地区で実施された調査成果を検討すると、規則的に配置された掘立柱建物や等間隔で並ん

図3 ● **土馬**
現存長30 cm。朱彩の大型土馬。

だ倉庫群は、あきらかに一般集落とは異なる官衙遺跡としての特徴を示している。すぐ近くのこれまで斎王宮跡として伝承されてきた斎王の森との関連が一躍注目された。

開発の荒波のなかで

戦後の高度経済成長の政策は、日本の歴史的景観と伝統文化を大きくゆるがすものであった。一九六九年に経済企画庁から「新全国総合開発計画」が発表され、平城宮をはじめ全国で埋蔵文化財の保護が大きな社会的問題となっていた。

ここ明和町でも、史跡には指定されてはいなかったものの、斎王宮跡と推定されていた古里地区に団地造成計画がもちあがり、三重県教育委員会と明和町教育委員会は、遺跡の範囲、状況把握のため試掘調査を実施した。この試掘調査で、奈良時代および

図 4 ● 発掘調査の現地説明会
「三重県文化財を守る会」は 1974 年に「三重県の文化財と自然を守る会」と改称され、遺跡の説明会などもおこなっていたが、史跡指定後は三重県と明和町の教育委員会が現地説明会をおこなっている。写真は、1979 年の御館・柳原地区の現地説明会。

鎌倉・室町時代の土器片が多量に出土するとともに、建物の柱穴・大溝跡などが確認された。
しかし、団地造成の計画は止むことなく、古里地区の緊急発掘調査が一九七一年一〇月からおこなわれ、その年の暮れに斎宮の証ともいうべき蹄脚硯と大型土馬が出土したのだった。

2　広大な史跡

遺跡の保存に向けて

蹄脚硯と大型土馬の出土によって、古里遺跡と斎王宮跡の関連が想定され、三重大学の服部貞蔵《はっとりていぞう》教授を会長とする「三重県文化財を守る会」は一九七二年、三重県知事に斎王宮伝承地との関連調査の実施、古里遺跡の土地買い戻しによる保存などを要望した。

これ以後、多くの要望が県内外からよせられ、それを受けて一九七三年の冬、県教育委員会が斎王宮跡の範囲確認調査をすることとなった（図5）。「斎王の森」を中心

図5 ● **範囲確認調査**
幅4mのトレンチからは掘立柱建物の掘形や緑釉陶器などの破片が出土した。

にして東西約二キロ、南北約一キロの範囲にわたって詳細な踏査をおこなうと、どの場所からも土器片が採取できた。この一帯は、春夏のトウキビ・タバコ・牧草、秋冬のダイコン・ムギなどが年間を通じて栽培されており、土地所有者の協力を得ての調査であった。

確認調査は、総延長三二〇〇メートルにもなった。各所からみつかる多量の緑釉陶器片と大型の掘立柱建物により、斎王宮跡は想像を超えた広大な遺跡であることが明らかになってきた。

史跡指定へ

古里遺跡保存の声は全県下におよび、その運動は行政機関への働きかけへと展開した。全国の研究者もまた、講演会などに積極的に参加し、遺跡の保存の重要性を訴えた（図6）。

保存運動は全国的な運動となり、遺跡は一九七九年に「斎宮跡」として国の史跡（宮跡）に指定され

図6 ● 斎宮跡調査研究指導委員会の現地視察
斎宮跡の調査研究を推進するため、古代史・考古学・建築史・国文学などの専門家による指導を受けながら斎宮跡の保護は進められた。

た。指定地は東西約二キロ、南北約〇・七キロ、面積約一三七ヘクタールにもおよび、わが国の史跡のなかでも屈指の広さを誇る。

この広大な斎宮跡は明和町の中心部に位置し、伊勢平野南部、櫛田川《くしだがわ》と宮《みや》川《がわ》にはさまれた明野原《あけのはら》台地とよばれる洪積台地《こうせきだいち》上にある。

台地の西端は、祓川《はらいがわ》が蛇行して北流し、東端は宮川の沖積地《ちゅうせきち》につながっている。台地の南には低丘陵地が拡がり、北は伊勢湾に臨む海岸平野となり、ゆるやかに伊勢湾へ傾斜しているが、台地上は平坦な地形となっている（図7）。

神宮とは宮川をはさんで約一五キロ離れたこの明野原台地の西端部に、斎宮はおかれたのである。

図７ ● **明野原台地**
手前は条里制が施行された水田地帯。後方に伊勢湾を望む。この地に斎宮はおかれた。

第2章　神宮に仕える未婚の皇女

1　斎王制度

斎宮のはじまり

わが背子《せこ》を大和に遣《や》るとさ夜ふけて暁《あかとき》露にわが立ち濡《ぬ》れし（『万葉集』巻二―一〇五）

この歌は、斎王として伊勢の斎宮に仕える天武天皇の皇女、大来皇女《おおくのひめみこ》のもとをひそかに訪れた弟、大津皇子《おおつのみこ》が大和へと立ち帰るのを見送る皇女の作として『万葉集』に載る。この大来皇女が、史実上最初の斎王である。

斎宮の起源は『日本書紀』垂仁二五年条にみられるように、伊勢神宮の創祀伝承に登場する倭姫命《やまとひめのみこと》に求められる。倭姫命は天照大神《あまてらすおおみかみ》を奉じ諸国をめぐり歩いたすえに、伊勢の地に社を建て、五十鈴川《いすずがわ》の川上に斎宮をおこしたとされる。

史料によって確認できる最初の斎王、大来皇女は六七四年（天武三）に泊瀬《はつせ》（奈良県桜井市）の斎宮より伊勢神宮に向かったと『日本書紀』に記載される。これ以後、奈良時代を通して斎宮の整備がおこなわれていった。

　斎宮は「いつきのみや」ともよばれ、斎王そのものを示すほか、斎王の御殿およびその事務をおこなった斎宮寮《さいくうりょう》（役所）を示すこともある。

卜定できまる斎王

「いつきのみこ」ともよばれる斎王のつとめは、皇祖神を祀る神宮に奉仕することにあるが、その詳細は『延喜式《えんぎしき》』にみられる。『延喜式』には、天皇が即位したならば、内親王の未婚の者を選び、占いによって伊勢大神宮の斎王を定めよ、とある。そのあとにつづけて、初斎院《しょさいいん》・野宮《ののみや》・臨行《りんこう》（群行《ぐんこう》）などの具体的な内容や経費を記している。

　亀の甲を火であぶり、そのひび割れの状況によって決定する「亀卜《きぼく》」という古代の占いにより未婚の皇女を選び、この卜定《ぼくじょう》が終われば神宮に報告し、卜定された斎王は宮域内の清浄な所を初斎院として移り住み、ここで約一年間潔斎《けっさい》につとめる。つづいて、宮域外に野宮を造営し、ここでも約一年間の生活を送る。平安時代の斎王の野宮は、嵯峨野《さがの》におかれた。

　六七三年（天武二）に泊瀬斎宮《はつせのいつきのみや》で潔斎に入った大来皇女以降、一三三三年（元弘三）に卜定される祥子《さちこ》内親王まで、斎王は六七人ほどが知られている（表1）。

　卜定から三年目の九月上旬、神宮の神嘗祭《かんなめさい》にあわせて斎王は伊勢に下向する。都から伊勢に向かうこの行列は、数百人にのぼる官人・女官を従え、五泊六日の行程でおこなわれる大規模

伝承時代の斎王	
天皇	斎王
崇神・垂仁	豊鍬入姫（とよすきいりひめ）
垂仁・景行	倭姫（やまとひめ）
景行	五百野（いおの）
仲哀	伊和志真（いわしま）
雄略	稚足姫（わかたらしひめ）
継体	荳角（ささげ）
欽明	磐隈（いわくま）
敏達	菟道（うじ）
用明〜推古	酢香手姫（すかてひめ）

［ ］は実在の確認できない斎王
女王は天皇の娘以外の皇族女性

時代	天皇	天皇との続柄	斎王	在任期間
飛鳥	天武	娘	大来（おおく）	六七三〜六八六
	文武	おば	当耆（たき）	六九八〜七〇一
	文武	遠縁	泉（いずみ）	七〇一〜七〇六
	文武〜元明	おば	田形（たかた）	七〇六〜？
	元明		［多紀］（たき）	？
奈良	元明		［智努］（ちぬ）女王	？
	元明		［円方］（まどかた）女王	？
	元正	不明	久勢（くせ）女王	？
	元正〜聖武	娘	井上（いのうえ）	七二一〜？
	聖武	不明	県（あがた）女王	？〜七四九
	孝謙	遠縁	小宅（おやけ）女王	七四九〜？
	淳仁	不明	山於（やまのうえ）女王	七五八〜？
	光仁	娘	酒人（さかひと）	七七二〜？
	光仁	遠縁	浄庭（きよにわ）女王	？
	桓武	娘	朝原（あさはら）	七八二〜七九六
	桓武	娘	布勢（ふせ）	七九七〜八〇六
	平城	娘	大原（おおはら）	八〇六〜八〇九
	嵯峨	娘	仁子（よしこ）	八〇九〜八二三
	淳和	娘	氏子（うじこ）	八二三〜八二七
	淳和	めい	宜子（よしこ）女王	八二八〜八三三
	仁明	娘	久子（ひさこ）	八三三〜八五〇
	文徳	娘	晏子（やすこ）	八五〇〜八五八
	清和	異母姉妹	恬子（やすこ）	八五九〜八七六
	陽成	異母姉妹	識子（さとこ）	八七七〜八八〇
	陽成	めい	掲子（ながこ）	八八二〜八八四
	光孝	娘	繁子（しげこ）	八八四〜八八七
	宇多	遠縁	元子（もとこ）女王	八八九〜八九七

平安	醍醐	同母姉妹	柔子（やすこ）	八九七～九三〇
	朱雀	異母姉妹	雅子（まさこ）	九三一～九三五
	朱雀	異母姉妹	斉子（きよこ）	九三六
	朱雀	めい	徽子（よしこ）女王	九三六～九四五
	村上	異母姉妹	英子（はなこ）	九四六
	村上	いとこ	悦子（よしこ）女王	九四七～九五四
	村上	娘	楽子（やすこ）	九五五～九六七
	冷泉	異母姉妹	輔子（すけこ）	九六八～九六九
	円融	いとこ	隆子（たかこ）女王	九六九～九七四
	円融	異母姉妹	規子（のりこ）	九七五～九八四
	花山	異母姉妹	済子（なりこ）女王	九八四～九八六
	一条	いとこ	恭子（たかこ）女王	九八六～一〇一〇
	三条	娘	当子（まさこ）	一〇一二～一〇一六
	後一条	遠縁	嫥子（よしこ）女王	一〇一六～一〇三六
	後朱雀	娘	良子（ながこ）	一〇三六～一〇四五
	後冷泉	遠縁	嘉子（よしこ）	一〇四六～一〇五一
	後冷泉	遠縁	敬子（たかこ）女王	一〇五一～一〇六八
	後三条	娘	俊子（としこ）	一〇六九～一〇七二
	白河	遠縁	淳子（あつこ）女王	一〇七三～一〇七七
	白河	娘	媞子（やすこ）	一〇七八～一〇八四
	堀河	異母姉妹	善子（よしこ）	一〇八七～一一〇七
	鳥羽	おば	姰子（あいこ）	一一〇八～一一二三
	崇徳	遠縁	守子（もりこ）	一一二三～一一四一
	近衛	異母姉妹	妍子（よしこ）	一一四二～一一五〇
	近衛	おば	喜子（よしこ）	一一五一～一一五五
	後白河	娘	亮子（あきこ）	一一五六～一一五八
	二条	異母姉妹	好子（よしこ）	一一五八～一一六五
	六条	異母姉妹	休子（のぶこ）	一一六五～一一六八
	高倉	異母姉妹	惇子（あつこ）	一一六八～一一七二
	高倉	娘	功子（いさこ）	一一七七～一一七九
鎌倉	後鳥羽	異母姉妹	潔子（きよこ）	一一八五～一一九八
	土御門	異母姉妹	粛子（すみこ）	一一九九～一二一〇
	順徳	異母姉妹	凞子（ひろこ）	一二一五～一二二一
	後堀河	同母姉妹	利子（としこ）	一二二六～一二三二
	四条	異母姉妹	昱子（てるこ）	一二三七～一二四二
	後嵯峨	異母姉妹	曦子（あきこ）	一二四四～一二四六
	亀山	異母姉妹	愷子（やすこ）	一二六二～一二七二
	後二条	異母姉妹	奘子（まさこ）	一三〇六～一三〇八
	後醍醐	娘	懽子（よしこ）	一三三〇～一三三一
南北朝	後醍醐	娘	祥子（さちこ）	一三三三～？

表１ ● 歴代の斎王

斎王の起源は、伊勢大神宮の創祀伝承に登場する崇神朝の豊鍬入姫命、垂仁朝の倭姫命に求められるが、制度的に整備されるのは天武天皇以降である。

なもので、「斎王群行《さいおうぐんこう》」とよばれる（図8）。群行に際しての宿泊施設として、近江国の国府（勢多《せた》）・甲賀《こうか》・垂水《たるみ》、伊勢国の鈴鹿《すずか》・一志《いちし》の五カ所に頓宮《とんぐう》がおかれた（図9）。

頓宮の造営および建物の設備・雑器・食糧は、それぞれの国司が負担することとなっていた。頓宮のうち近江国の国府と垂水は、その所在地が国史跡として保存されているが、そのほかの頓宮の所在地はわからなくなっている。

斎王は天皇の即位にあわせて卜定され、伊勢に下行するが、天皇の譲位・崩御のほか斎王の近親者の不幸・本人の病気などの凶事により、その任を解かれ京に帰る。凶事の場合は群行ルートをとらず、伊賀・大和ルートをとり、難波宮をへて帰京した。

斎王の卜定は天皇一代に一人が原則であったが、奈良時代には、かならずしもこの原則にしばられることなく、斎王は伊勢におもむいている。

門脇貞二《かどわきていじ》氏は飛鳥・奈良時代の斎王について、文《もん》

図8 ● **斎王群行**
群行には京の境まで見送る勅使や、斎宮まで随行する長奉送使（ちょうぶそうし）などが加わる。

武《む》天皇の皇女、当者《たき》皇女は天皇の即位時ではなく藤原《ふじわらの》不比等《ふひと》の直系のみに藤原姓を認めた翌月であり、泉《いずみ》皇女、田形《たかた》皇女、多紀《たき》（当者？）皇女の伊勢への派遣は、それぞれ遣唐使《けんとうし》任命、遣新羅使《けんしらぎし》任命、新羅国王へ国書を送った直後のことであり、国際関係にかかわる国家的緊張のもとでの派遣であったことを重視している。

ただ、天武天皇崩御・大津皇子の変にともなう大来皇女退下《たいげ》の六八六年（朱鳥元）一一月から、文武天皇の六九八年（文武二）九月の当者皇女までの持統天皇の治世には斎王は派遣されず、一三年の空白期間がある。

拡充される斎宮

斎宮の重要性が高まる奈良時代の中頃には、文武天皇を父として皇太子の地位にあった首皇子《おびとのみこ》（のちの聖武《しょうむ》天皇）の娘井上内親王《いのうえないしんのう》が五歳で卜定され、首皇子の即位後に一一歳で斎宮に群行した。

この井上内親王の斎宮在任中に、斎宮は飛躍的に拡

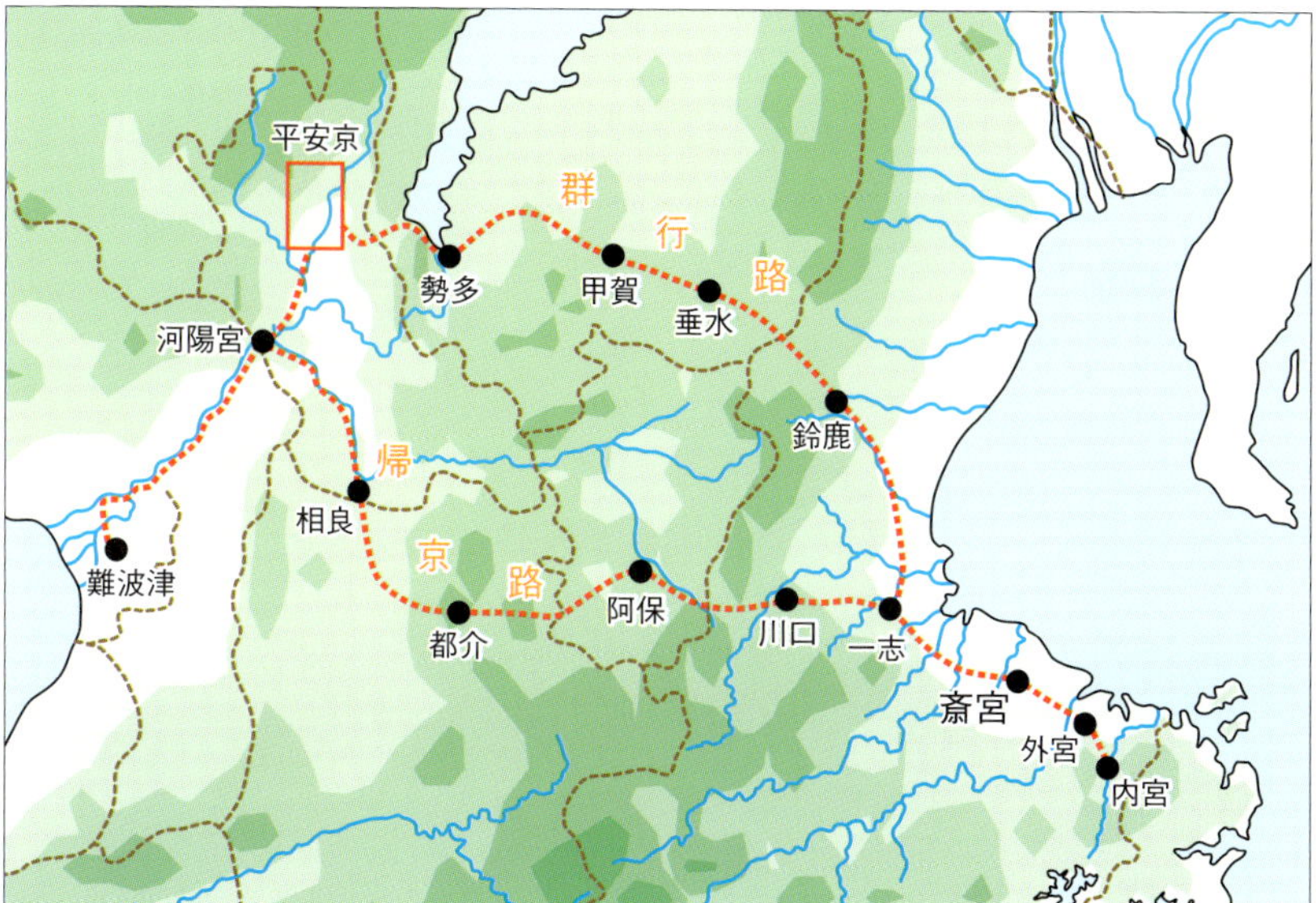

図９ ●斎王の群行路と帰京路
平安時代の斎王の群行路と帰京路。斎王は５泊６日の行程で伊勢におもむいた。

充された。七二七年（神亀四）には一挙に一二一人の斎宮寮の官人が任命され、翌年には寮に管轄される一三司も定められ、令外官として斎宮の組織が固められる（図10）。拡充された斎宮では、これらの官人のほかに斎王に仕える女官や警備にあたる武官、雑役人なども含めると、多いときには五二〇人にものぼる人びとが暮らしていたとされる。

寮の財政も、神宮の神戸《かんべ》の貢納《こうのう》物《ぶつ》ではなく、国の官物《かんぶつ》をあてることになり、斎宮は実質的な国家機構として整備され、律令国家の一翼をになうことになった。

聖武天皇といえば仏教を信仰し、国分寺・東大寺を創建し、盧舎那《るしゃな》

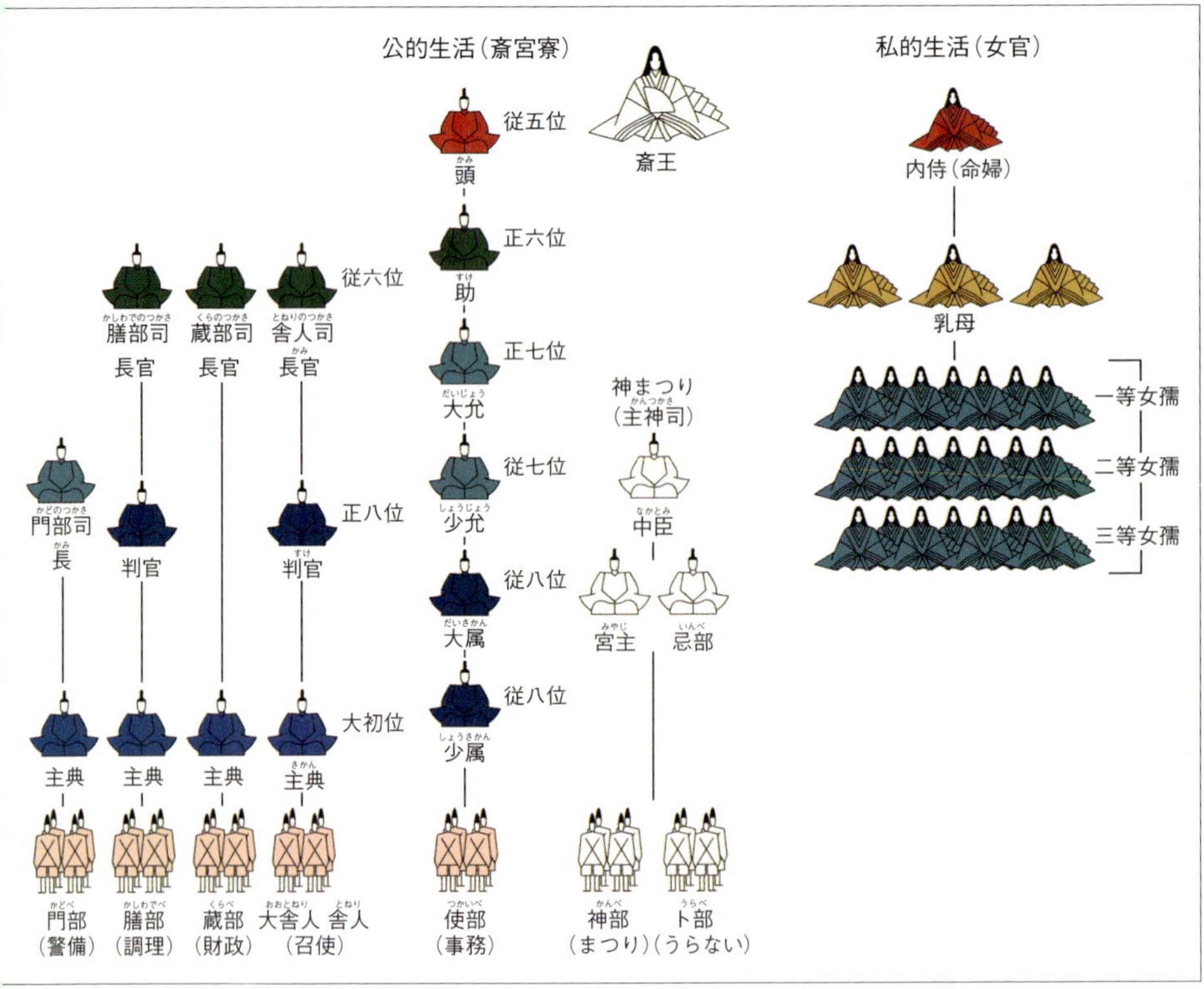

図 10 ● 斎宮寮の構成

斎宮寮の特徴は、斎王に仕える命婦（内侍）以下の女官が組織されていたことである。主神司は、800 年（延喜 19）に都の神祇官の機構に組み入れられ、斎宮寮の司は、頭・助・大允・小允・大属・小属の四等官のもとに舎人司以下の 12 司で構成される。

仏《ぶつ》大仏を発願し、国政の充実につとめたことで著名であるが、一方で皇祖神をまつる神祇制度の充実をはかっていたことは、注目すべきことである。

井上内親王は退下ののち、白壁《しらかべ》王（光仁《こうにん》天皇）の妃となり、娘の酒人《さかひと》内親王も斎王となった。酒人内親王も退下後に桓武《かんむ》天皇の妃となって、その娘の朝原《あさはら》内親王がまた斎王となっている。母・子・孫の三代の斎王は異例でもあった。

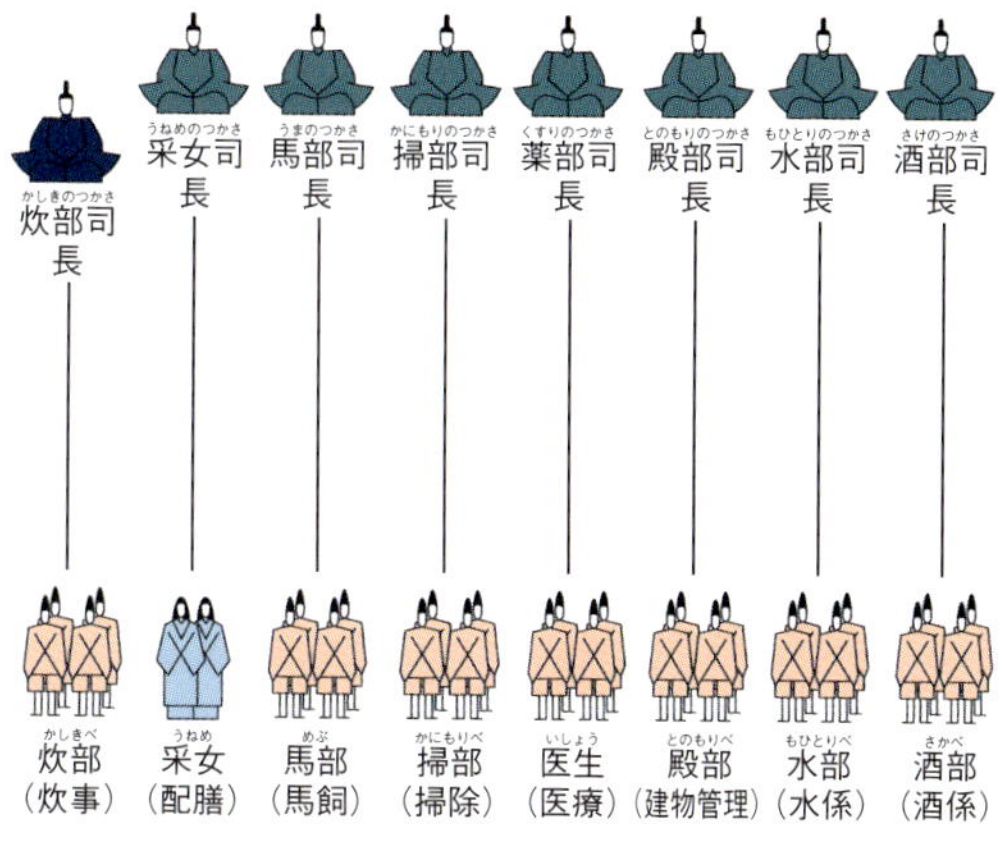

2　斎王の日々

三節祭

斎王のつとめは、神宮でもっとも重要な儀式である六月と一二月の月次祭《つきなみさい》と九月の神嘗祭の三節祭《さんせつさい》におもむくことである。なお、九月におこなわれていた神嘗祭は明治以降、太陽暦にもとづき一〇月におこなわれるようになる。祭の次第は、内宮《ないくう》・外宮《げくう》ともほぼ同じであり、主要な儀式はそれぞれ二日にわたっておこなわれる。斎王が参加するのは二日目の儀式で、外宮は一六日、内宮は一七日に参ることに定められている。斎宮と神宮は約一五キロ離れているので、斎王は、儀式の前日にあたる一五日に斎宮を出立し、神宮と斎宮のほぼ中間にある離宮院《りきゅういん》に入る。翌日の一六日に外宮の儀式をおこない、当日は離宮院に戻り、一七日に内宮の儀式をとりおこない、一八日に斎宮に戻る（図11）。

三節祭における斎王は、榊《さかき》に麻をつけた太玉《ふとたま》串《ぐし》を神宮の大宮司《だいぐうじ》から命婦《みょうぶ》を介して受けとり、神宮の巫女《みこ》である物忌《ものいみ》を介して、神宮の瑞垣御《みずがきご》門《もん》の西側に立てることが主なつとめで、太玉串は神の宿るものとされている。

また、三節祭に先立ち、祭王は斎宮で禊《みそぎ》をおこなうことが定められており、月次祭に臨む五月と一一月晦日《みそか》には、祓川で禊をおこなう。神聖なイネを神にささげる神嘗祭に参る前の八月晦日には、斎宮に近い伊勢湾の尾野湊（現在の明和町大淀付近と考えられる）で禊をおこなう。

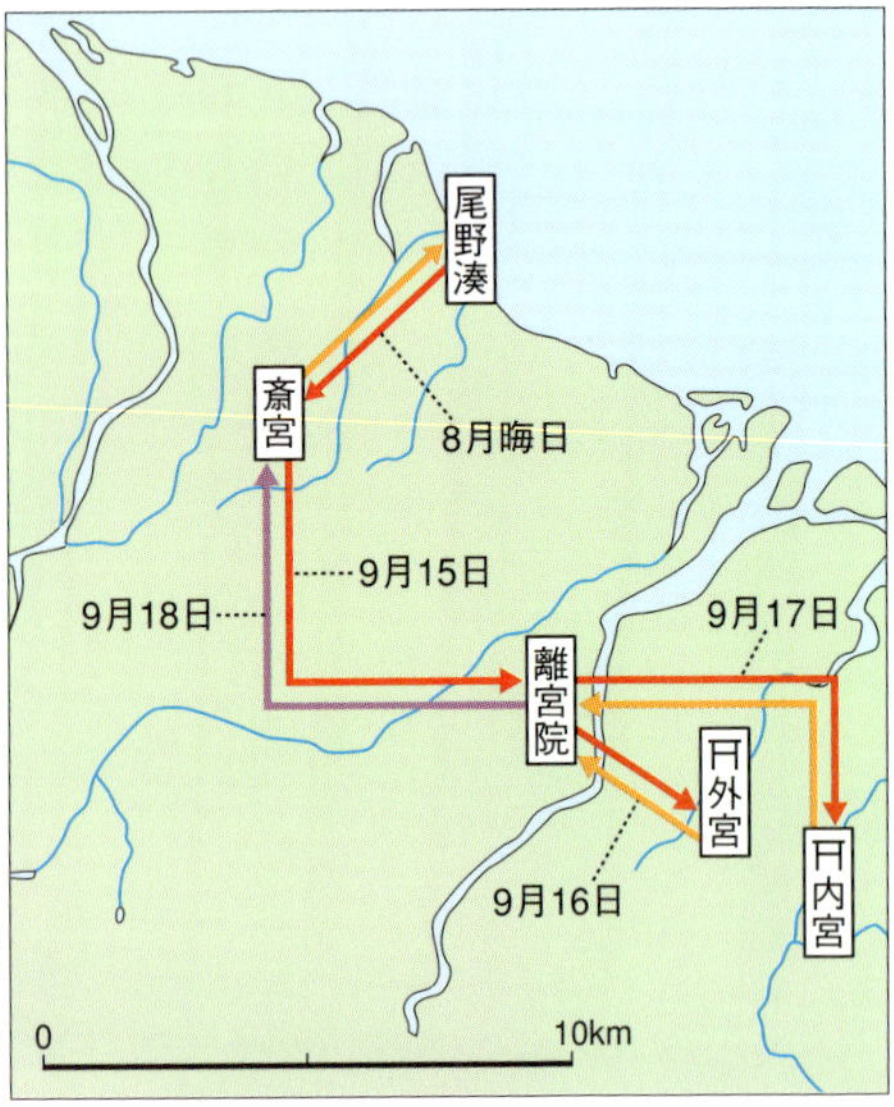

図 11 ● 神嘗祭の斎王の行程
神宮での祭祀の次第は両宮でほぼ同じであり、1日目には由貴大御饌（ゆきのおおみけ）とよばれる神の食事が奉じられ、2日目は神事の後勅使や禰宜も加わり、祝詞や幣帛の奉納、直会（なおらい＝宴会）などがおこなわれる。

そのほかの祭祀

神宮に年三回出かける以外、斎王には斎宮での祭祀もあった。斎宮の年中行事として正月元旦には斎王が神宮を遙拝《ようはい》し、寮頭《りょうのかみ》（長官）以下の官人が斎王に拝賀する。三旦（三日）には神宮関係者の斎王拝賀がおこなわれる。正月には供薬儀《くやくのぎ》、歯固《はがため》の儀式（図12）もおこなわれた。

このほか、二月の祈年祭《きねんさい》や一一月の新嘗祭《にいなめさい》などの農耕にかかわる祭祀があり、正月の白馬節会《あおうまのせちえ》・踏歌節会《とうかのせちえ》、五月五日の端午《たんご》の節会、七月七日の七夕《たなばた》の節会、九月九日の重陽《ちょうよう》の節会なども宮廷と同じようにおこなわれていた。また、毎月朔日《さくじつ》（一日）の浄い火を祀る忌《いん》火《び》・庭火祭《にわびのまつり》や晦日の卜庭神祭《うらにわのかみまつり》、解除《はらえ》や六月と一二月晦日の大祓《おおはらえ》、鎮火祭《ほしずめのまつり》、道饗祭《みちあえのまつり》など斎宮の清浄を保つ祭祀も数多くあった。

物語のなかの斎王

これらの儀式以外にも、都から神宮におもむいた勅使が斎宮に立ち寄って都からの手紙を届けたり、斎王が勅使など都の官人と会う機会もあった。その代表的なものに『伊勢物語《いせものがたり》』第六九段にとりあげられた狩の使として伊勢に下った在原業平《ありわらのなりひら》と斎王のロマンスがある。

朝廷から地方行政視察のためにつかわされた業平が、縁者である斎王と対面した話が語られるが、斎王という神聖な女性が業平と一

図12 ●**歯固の儀式**
歯固は正月元旦から３日まで、長寿を祈るために天皇に押鮎・大根・瓜・猪肉などを供する儀式で、斎宮でもおこなわれた。

夜逢い、いまだ語り合わないうちに別れてしまったとある。

君やこし我や行きけむ　おもほえず　夢かうつつか

寝てかさめてか

斎王（恬子《やすこ》内親王）が詠《よ》んだこの歌は、「詠み人しらず」として『古今集《こきんしゅう》』にも載せられている。ただ、同物語は、七三段で斎王は「手にはとられぬ」女性として結論づけられている。

斎王の在任中は大神宮につかえるため、清浄な心身であることを求められたが、斎王退下後は一般的な皇女としての生活が許された。

朱雀朝《すざくちょう》の斎王徽子《よしこ》女王は帰京後、村上《むらかみ》天皇の後宮にはいり、天皇とともに歌合わせを主催し、華やかな宮廷生活をおくる。斎宮女御《さいくうのにょうご》ともよばれ、三十六歌仙の一人である。その後、村上天皇との間に生まれた娘、規子《のりこ》内親王が斎王に卜定されると、時の円融《えんゆう》天皇の制止もきかず、娘とともに再び斎宮に下ったことが知られている。これは、まったく前例のないことで、それだけに王朝人の話題となり、のちに『源氏物語《げんじものがたり》』賢木《さかき》の巻に、光源氏の恋人で高貴な未亡人の六条御《ろくじょうのみ》息所《やすどころ》が、斎王に選ばれた娘とともに伊勢に下向するくだりのモデルとなったといわれている。

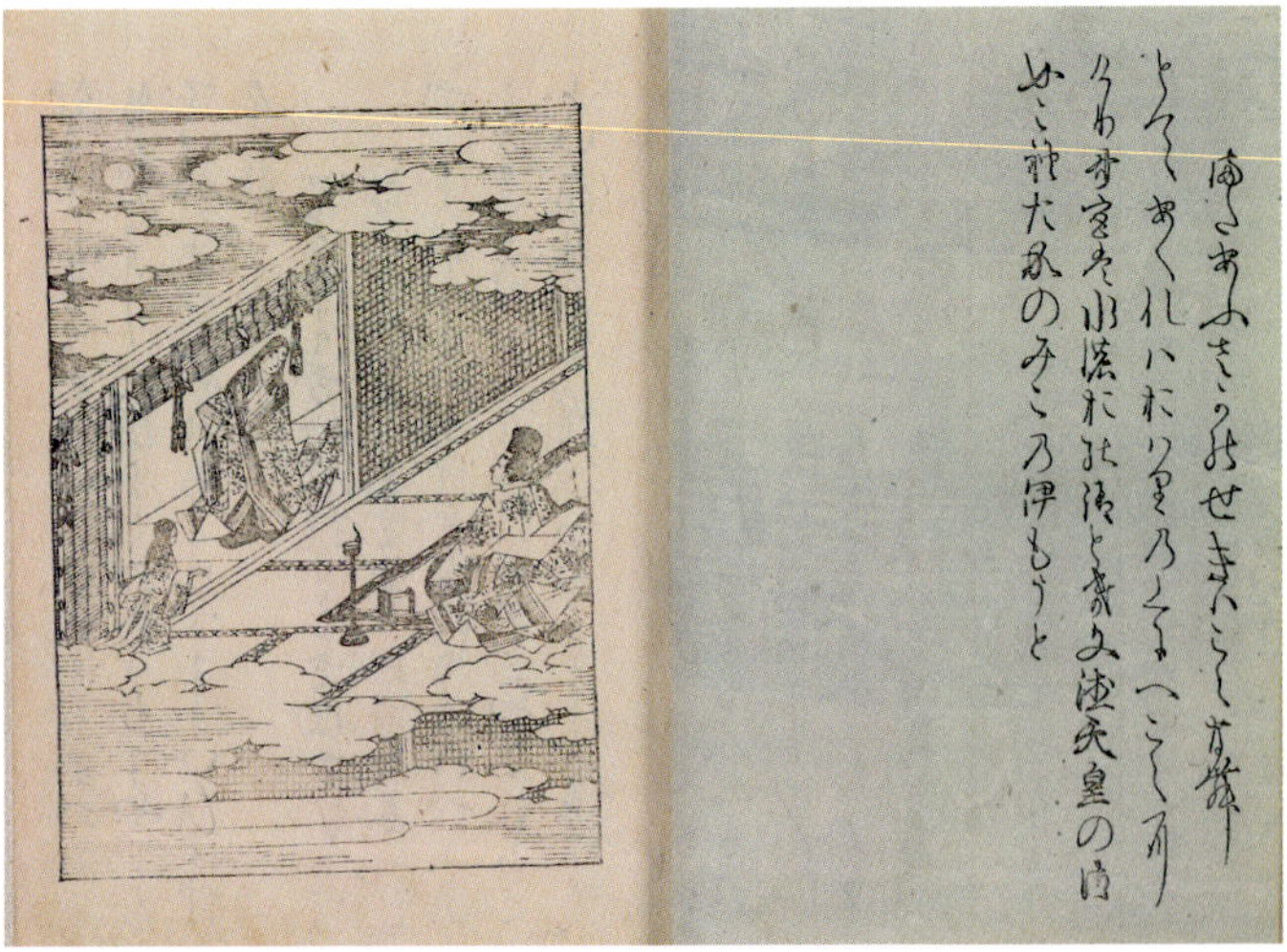

図 13 ● 嵯峨本『伊勢物語』「狩の使」の段

業平と斎王の一夜の対面を描く。嵯峨本は本阿弥光悦が書いた文字を木活字にして印刷された。用紙も雲母刷の料紙が使われた豪華本。

第3章　斎宮研究の歩み

1　荒廃する斎宮

中世・近世の斎宮

嵯峨《さが》天皇が平安京の鎮護神として八一〇年（弘仁元）に設置した賀茂斎院《かものさいいん》はあるものの、斎宮は神宮祭祀の国家機関として、わが国唯一の存在であった。しかしながら、平安時代の摂関政治期には、斎宮の存在意義はしだいに薄れていく。

鎌倉時代後期には斎王の群行が途絶えがちになり、最後の斎王とされる祥子《さちこ》内親王の一三三三年（元弘三）一二月の卜定以降は斎王卜定はおこなわれず、斎王が伊勢の地に群行することはなくなった。主を失った斎宮の諸施設は、またたく間に荒廃したようである。

古代、天皇家の氏神であった伊勢神宮に幣をささげ、まつることができるのは、天皇と皇后、皇太子のみであった。私幣禁断といって、臣下が幣をささげ祈ることは、きびしく禁じられていたのである。しかし、中世になると天皇の権威は弱まり、武士が参宮するようになる。

一三四二年（康永元）に伊勢に参宮した室町幕府初代将軍足利尊氏《あしかがたかうじ》の侍医であった坂十仏《さかじゅうぶつ》は、旅行記『伊勢太神宮参詣記《いせだいじんぐうさんけいき》』に、斎宮の築地塀《ついじべい》には草木が茂り、鳥居《とりい》は朽ちはてていたと記している。それから八〇年ほどたった一四二四年（応永三一）、第四代将軍・前内大臣足利《あしかが》義持《よしもち》の参宮に随行した花山院長親《かざんいんながちか》は『室町殿伊勢参宮記《むろまちどのいせさんぐうき》』に、斎宮の跡はこのあたりだといわれているが、木や竹がひどく茂っているばかりだと記しており、斎宮の殿舎はすでになくなっていたことがわかる。

その後、一五九四年（文禄三）の『伊勢国中御検地高帳《いせこくちゅうおんけんちだかちょう》』には「斎宮之郷」と記され、一六四八年（慶安元）の『伊勢国高郷帳《いせのくにたかごうちょう》』には、『太神宮領《だいじんぐうりょう》』として鱗尾《ひろお》、竹川《たけがわ》、上野《うえの》、有爾中《うになか》の各村とともに「斎宮村」の村名がみえる。

庶民のお伊勢参り

江戸時代になると、庶民にも「お伊勢参り」が流行して、全国から多くの人びとが斎宮旧跡に臨む参宮街道《さんぐうかいどう》を往来するようになる。

一七九七年（寛政九）刊行の蔀関月《しとみかんげつ》編『伊勢参宮名所図会《いせさんぐうめいしょずえ》』（図14）には、斎宮村の「斎宮旧跡」をあげ、「斎宮の森」と「斎王の宮」の二カ所があると解説する。そして街道から奥まった所に小祠と「斎王の森」を描く。また、江戸幕府の道中奉行が編集した『五街道分間延《ごかいどうぶんけんのべ》絵図《えず》』の『伊勢路見取絵図《いせじみとりえず》』にも「斎宮旧跡　斎王之森」が描かれている。

幕藩体制のもとでは、地誌の編纂がさかんにおこなわれるようになり、一六五六年（明暦二）の津藩《つはん》郡奉行《こおりぶぎょう》山中為綱《やまなかためつな》による『勢陽雑記《せいようざっき》』には、「斎宮付斎ノ森」が記されている。これは当時の現状をもっともくわしく述べており、後世の地誌にもよく引用される。

一七四二年（寛保二）に外宮《げくう》権禰宜《ごんねぎ》串本常彰《くしもとつねあき》のあらわした『斎宮通《さいくうつう》』や一八三三年（天保四）に安岡《やすおか》親毅《ちかたけ》の編纂した『勢陽五鈴遺響《せいようごれいいきょう》』などには、斎王宮旧址を「斎王宮」とよんでおり、一八世紀後半には「斎王宮」の名は広く用いられていたようである。

なお、蘭学者司馬江漢《しばこうかん》、幕府御用の測量をおこなっていた伊能忠敬《いのうただたか》も当地を訪れているが、その日記には斎王宮跡の記載はなく、あまり関心を示していない。また、江戸時代末期には、諸国からおとずれる参宮客が多くの道中記をのこしているが、そのほとんどは伊勢神宮へと急ぎ、旧跡を書きとどめるものは少ない。

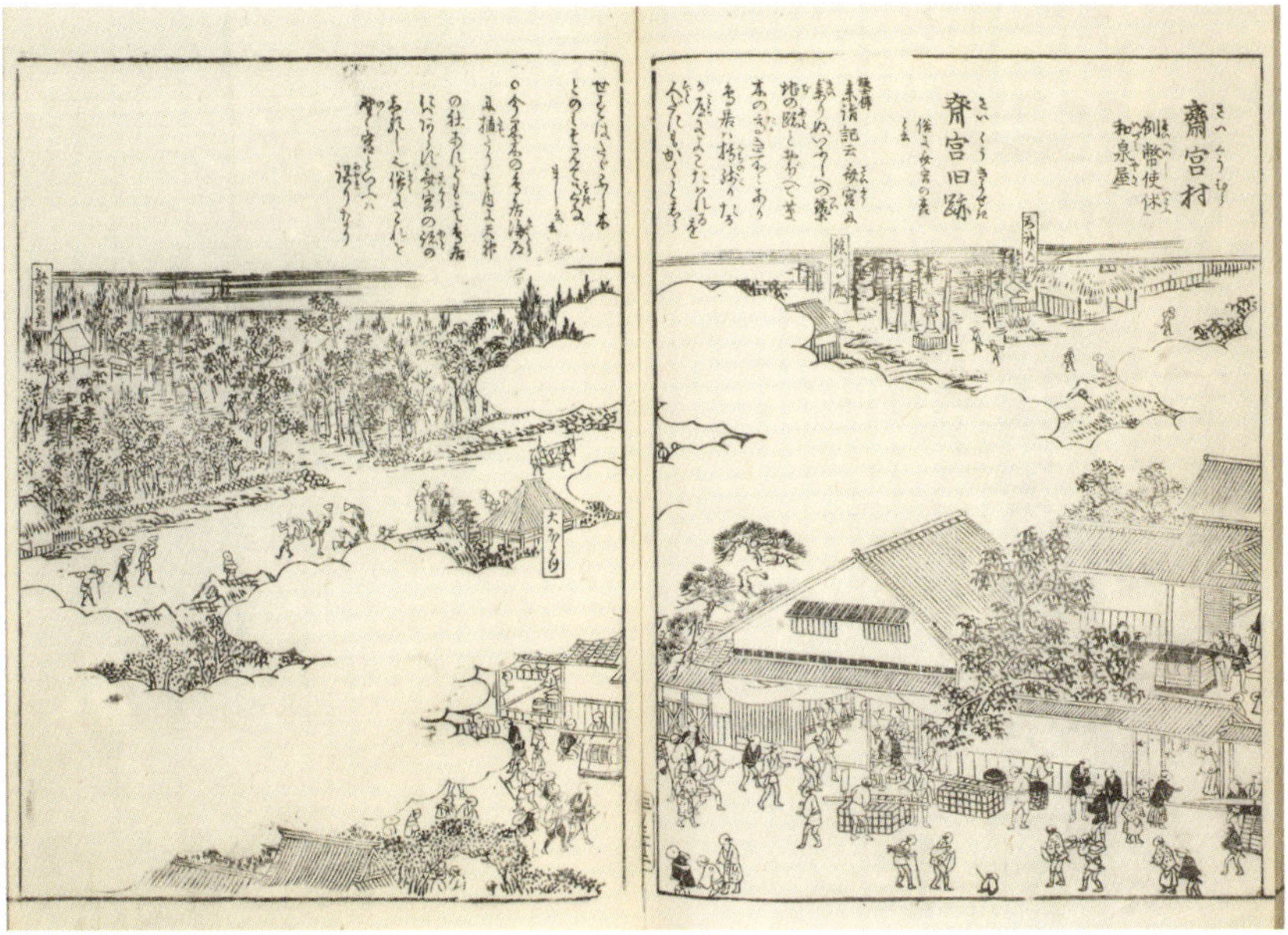

図14 ● 伊勢参宮名所図会
1797年（寛政9）に刊行された8冊からなる伊勢参宮の案内書。

2 江戸時代にはじまる考証

神宮の禰宜による考証

斎宮制度の考証は、神宮の神官によって江戸時代からはじめられた。まず、本居宣長《もとおりのりなが》とも親交のあった神宮禰宜《ねぎ》中川経雅《なかがわつねただ》（一七四二～一八〇五）は、皇太神宮儀式帳の書き写しと頭註、『大神宮儀式解《だいじんぐうぎしきげ》』三〇巻の各所で斎宮関連の考証をおこなっている。

ついで、斎宮の体系的な考察は、神宮禰宜薗田守良《そのだもりよし》（一七八五～一八四〇）がおこない、神宮全般について文献考証を集大成した全四四巻の『神宮典略《じんぐうてんりゃく》』をあらわした。そこでは広範囲な史料を網羅し、関連記事を抜きだして考証している。その記事は項目ごとに各時代にわたり、制度の時代変化も考慮している。しかし、中川・薗田ともに斎宮制度の考証はみられるものの、斎王宮跡についての記述はほとんどない。当時の歴史研究が遺構・遺物の研究までを対象にしていないことがうかがえる。

一八五八年（安政五）、神宮の警備にあたった伊勢国津藩主藤堂高猷《とうどうたかゆき》は、一八六二年（文久二）ころ、京都の一条左大臣から斎宮復興の許可をとりつけるが、その財源としていた新田開発が思うにまかせず、実現しないまま明治維新を迎える。また、藤堂高猷は、斎宮寮の考証を神宮禰宜御巫清直《みかなぎきよなお》（一八一二～一八九四）に頼んでいる。

御巫清直の考証

御巫清直は史料と現地の調査から旧跡を考証し、『斎宮寮考証《さいくうりょうこうしょう》・斎宮寮殿舎位置図《さいくうりょうでんしゃいちず》』と『斎宮寮廃跡考《さいくうりょうはいせきこう》・斎宮寮廃跡図《さいくうりょうはいせきず》』を作成した。

『斎宮寮考証』では、斎宮を内院・中院・外院に分けて、さまざまな建物と諸施設について広範な史料から関連記事を引き出し、それぞれに見解を述べている。とくに、史料に記された斎宮寮縁辺の南路・西路・北路については、現地の小路をあて、『延喜式』にある「松柳」を字名の柳原に結びつけながら、旧地を推定する。さらには史料考証によって、斎宮寮の建物配置までも図上に復元している。

『斎宮寮廃跡考』（図15）には、斎王制度衰退期の斎王である惇子《あつこ》内親王以降の群行の有無をはじめ、その都度、建物の造営の進捗や荒廃の様子を再現する。また、御巫は斎宮に関する近世地誌などの記事もとりあげ、批判しながら意見を記す。従来は、街道沿いの通称野宮とする「斎宮旧地」と、

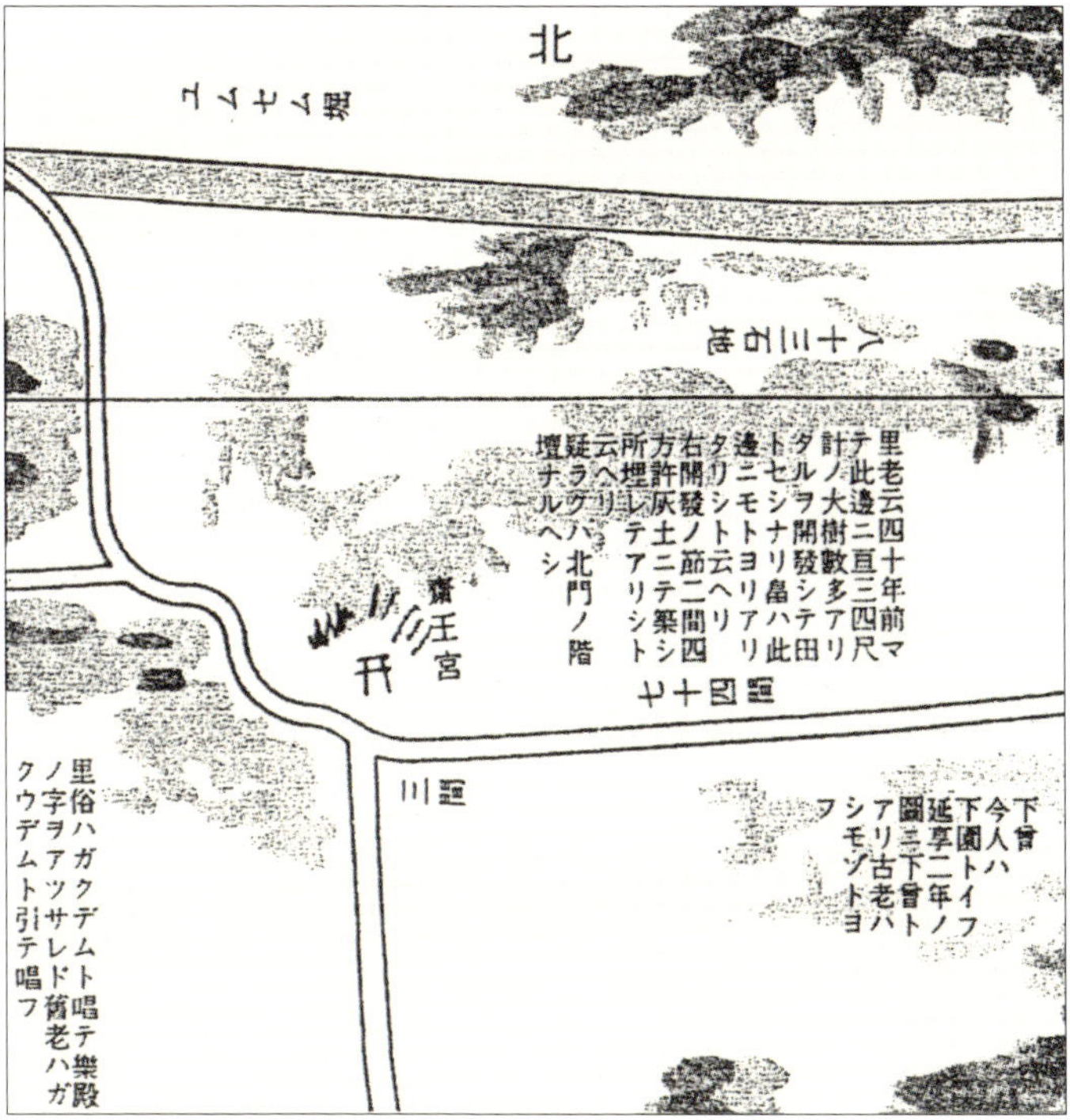

図15●『斎宮寮廃跡考』
御巫清直は、現在の「斎王の森」を斎王の御殿と想定した。

北方の「斎王の森」を別々とするのが一般的であったが、御巫は文献考証から得られた斎宮寮の規模から、その付近を一体とした範囲を考えた。斎王の森を内院の御殿の旧跡とし、これを中心とした東西四丁、南北七丁の田畑・林野・街道・人宅などを含んだ範囲が「寮ノ廃跡」だと推量した。これは、御巫のたびたびの現地調査によるものであり、歴史地理学的な手法であるといわれている。

しかしながら、御巫が斎宮寮の範囲を推定して以来、その研究は一九七三年の範囲確認調査まで本格的におこなわれることはなく、御巫の研究を追認するにとどまっていた。

3　斎宮復興の声

明治維新以後

明治になり、政府の天皇制国家体制の影響も受けてか、あらためて斎宮復興の声が、斎宮村などの有識者からあがった。一八八一年（明治一四）に斎宮再復興運動がはじまっている。

一九一九年（大正八）に「史蹟名勝天然紀念物保存法」が交付され、一九二四年（大正一三）には斎王関連遺跡の度会《わたらい》郡小俣《おばた》村（現伊勢市）の離宮院跡が国の史跡として指定された。

一九二〇年および二二年（大正九・一一）には、内務省考証官の実地踏査もおこなわれた。しかし、史跡指定などの具体的な行為がおこなわれることはなかった。

一九二九年（昭和四）には、三重県が斎王の森に「史蹟　斎王宮阯」碑を建立している（図

16)。斎宮跡がこのときに史跡に指定されたとの誤解がしばしばみうけられるが、そうではない。史跡指定は第二次世界大戦をはさんで、五〇年後の一九七九年まで待たなければならなかった。

戦後の保存運動

第二次世界大戦の終結により、自由で科学的な古代史研究が開始され、伊勢神宮に関しては、一九五三年の遷宮《せんぐう》に前後して、皇国史観から脱却した伊勢神宮の起源論がはげしく議論されることになる。古代の伊勢神宮整備が、斎宮の制度的な確立と表裏一体となっていることは、広く認識されており、そのため斎王・斎宮寮も古代史上の大きな課題として浮上してくる。直《なお》木《き》孝次郎《こうじろう》、田中卓《たなかたかし》、藤谷俊雄《ふじたにとしお》、滝川政次郎《たきがわまさじろう》、岡田精司《おかだせいし》、西垣晴次《にしがきせいじ》などの歴史学者が神宮の創始について議論を重ねた。岡田精司氏が言うように「伊勢神宮史の科学的な研究は、ようやく戦後にはじまった」のである。

また、考古学研究の立ちおくれが指摘されるが、斎

図16●「史蹟 斎王宮阯」の石碑
斎王の森に建立された。

宮跡への調査研究には目が向けられないままに過ぎていった。

三重県が一九二九年に斎王の森に建てた「史蹟斎王宮阯」の標石も、このころには雑草のなかに倒されていた。斎宮周辺では、戦後も開墾により土器などが発見され、壊されたり売られたりしたこともあり、駐在所巡査や村長が各区長に遺跡と土器の保存を呼びかけたことが新聞報道されている。

その後、ながく斎宮村の共有地であり、地元三〇人の名義で登録されていた「斎王の森」五三五平方メートルが一九五九年に神宮に寄付された。神宮は一九六八年に明治維新百年記念事業として、ヒノキの原木の皮を剥がずに用いた檜皮《ひわだ》つきの鳥居と「斎王宮址」の石碑の設置などの整備をした（図17）。

そして先にみたように、一九七一年の蹄脚硯の発見が契機となり、一九七九年に国の史跡に指定された斎宮跡は、姿を消した幻の宮の全容をようやく語りはじめたのである。

図 17 ● **整備された斎王の森**
檜皮の鳥居は、「黒木の鳥居」ともよばれ、斎王の野宮がおかれた京都嵯峨野の野宮神社でも用いられている。

第４章　よみがえる宮殿

１　初期の斎宮御殿

斎宮跡は、東西約二キロ、南北約〇・七キロ、面積は一三七ヘクタールにもおよぶ（図18）。飛鳥時代から奈良時代にかけての斎宮御殿や斎宮寮の具体的な姿は、残念ながらまだよくわかっていない。斎宮跡解明の手がかりとなった蹄脚硯や大型土馬をはじめ、飛鳥・奈良時代の遺構・遺物が比較的多く出土した史跡の西部地区が大来皇女以降の飛鳥・奈良時代の斎王の生活空間である可能性が高いとみられている。

倉庫群や道路遺構のある西部地区

史跡の西部地区（図19）は段丘西端に位置し、その一部に現在、斎宮歴史博物館が建っている。西側には水田として利用されている段丘低位面が南北につづき、祓川が流れる。段丘上は

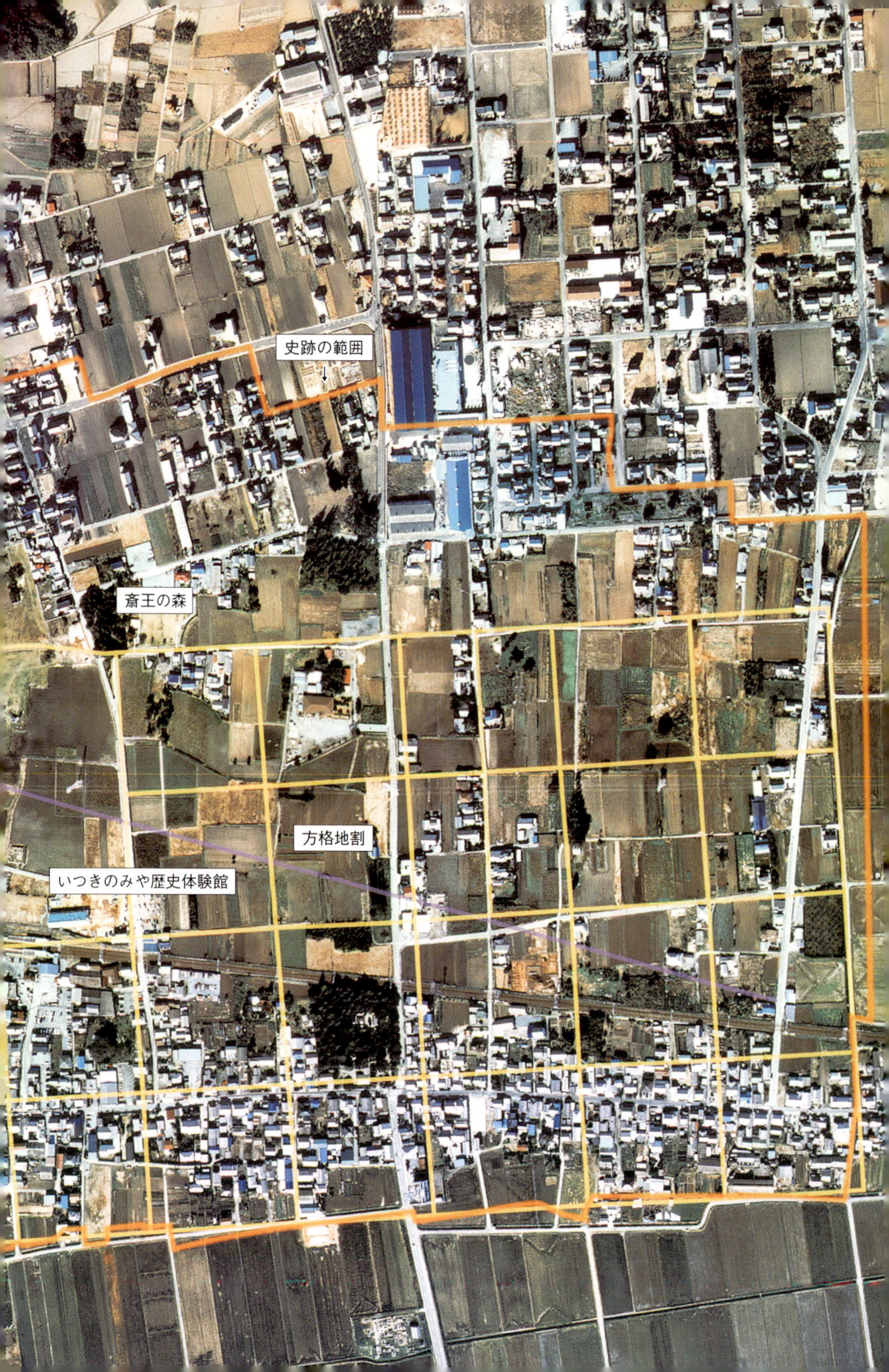
史跡の範囲
斎王の森
方格地割
いつきのみや歴史体験館

図 18 ● 史跡全景
史跡の南部は、伊勢街道（参宮街道）と町並みが東西につづく。史跡地内には、方格地割の痕跡をのこす小径がよく残る田園地帯となっている。

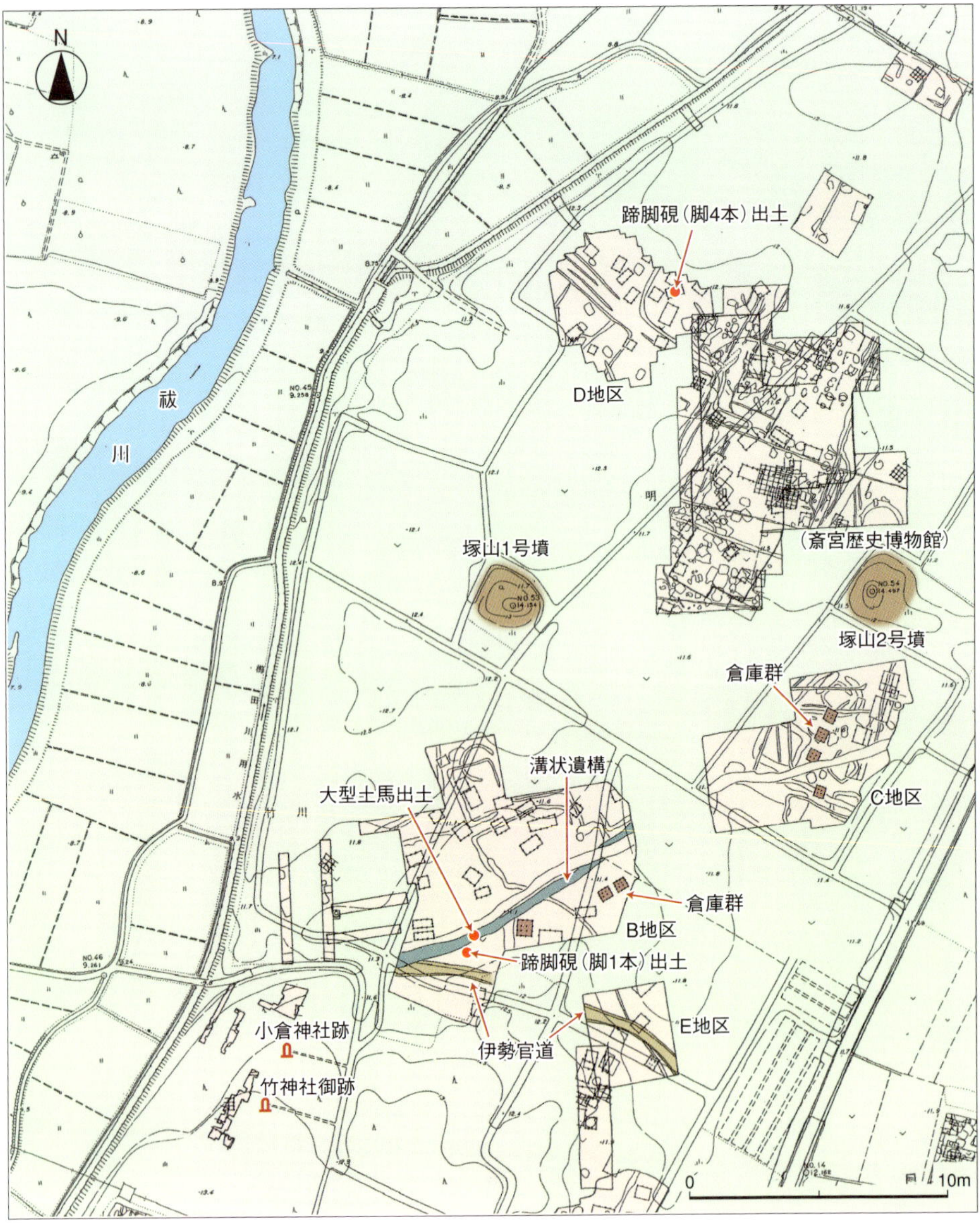

図 19 ● **西部地区の調査**
史跡西部の中央部には、伊勢官道がゆるやかにカーブして通り、北側には蹄脚硯と大型土馬が出土した古里B地区、奈良時代の倉庫群が認められる。

東西に伊勢官道《いせかんどう》が通る。これは古代の東海道の鈴鹿駅家から分かれて、伊勢神宮へと向かう道で、幅約九メートルの直線道路として敷設されている。

伊勢官道は東へまっすぐにのびているが、この区間のみ北側に大きく彎曲《わんきょく》している。このことから、このあたりは創設期の斎宮の影響を受けているのかもしれない。道の北側には棟方向をそろえ、柱を方眼状に配置し、高床建築とする総柱《そうばしら》建物の倉庫群が並び、その南西には幅三～四メートル、深さ約〇・四～二メートルの溝状の遺構が南西から北東にのびていることを確認している。その南の段丘縁には竹神社御跡・小倉神社跡・若宮神社跡の三つの社の跡が伝承されている。

大来皇女が暮らした最初の斎宮は、この西部地区の南部に造営されたことが推定される。初期の斎宮造営に関しての記事は史料にみえないので、この地区の今後の発掘調査の成果がまたれるところである。

2　モデルは平城宮

より整備された斎宮へ

斎宮造営についての記事が史料にみえるのは、奈良時代もかなり後になってからになる。『続日本紀《しょくにほんぎ》』宝亀二年（七七一）一一月の条に、気太王《けたおう》が斎宮造営のため伊勢国に遣わされたとある。この気太王の斎宮造営のときに都城の条坊制が導入され、斎宮御殿を中心とする官衙が整備されたと考えられる。実際、斎宮は奈良後期になると東に移り、より整備された姿となることが発掘調査によって明らかになっている。

『延喜式』によると、斎宮には内院と諸司雑舎《しょしざっしゃ》があったとされる。

内院は斎王の居所で「内院神殿《ないいんしんでん》」「中重庭《なかのえのにわ》」「寝殿《しんでん》」「出居殿《でいどの》」などの施設があった。

諸司雑舎は斎宮寮の主神司《かんつかさ》、舎人司《とねりのつかさ》、蔵部司《くらのつかさ》、膳部司《かしわでのつかさ》、門部司《かどのつかさ》、酒部司《さけのつかさ》、水部司《もひとりのつかさ》、殿部司《とのもりのつかさ》、薬部司《くすりのつかさ》、掃部司《かにもりのつかさ》、馬部司《うまのつかさ》、釆女司《うねめのつかさ》、炊部司《かしきのつかさ》の一三司とすることができる（図10参照）。

また、平安時代末期の『新任弁官抄《しんにんべんかんしょう》』には、内院・中院・外院があり、内院は斎王の居所、中院は斎宮寮頭《さいくうのりょうのかみ》（長官）の執務する所でともに檜皮葺《ひわだぶき》であり、外院は五〇～六〇棟で萱葺《かやぶき》の民家のようであると記している。

方格地割

気太王による条坊制方格地割は、史跡東部で確認された（図18・20）。この地割の設定は、伊勢官道を基準にしておこなわれたと考えられる。方格地割の中心的な位置をしめる区画列の中央にあたる交差点（図20の●の部分）が伊勢官道の路線に位置していることから、この地点が基準となったのであろう。

方格地割は、東西方向に七区画、南北方向に四区画を配する。区画は、一辺一二〇メートルを基準としている。各区画の間は、幅約一三メートルの道路と側溝がめぐる。

区画の名称は文字史料にはあらわれないため、便宜的に字名を区画の名称として調査を進めている（図20）。各区画の機能と変遷は、いまだ十分に解明されていないが、中枢部は奈良時代後期から平安時代前期までの変遷をたどることができる。それが方格地割の東から三列目である。この区画はほかの区画と異なり、東西幅が一三〇メートルになっている。北から「西加座北《にしかざきた》区画」「西加座南《にしかざみなみ》区画」「鍛冶山西《かじやまにし》区画」とよぶ三区画で、西加座北区画と西加座南区画はその中央部に幅一〇メートルの南北道路を敷設し、東西を二区画に分けている。

鍛冶山西区は、この整然と区画された地割の中心をなす斎王御殿のあった場所とみられる。

斎王の御殿

鍛冶山西区を中心に、東の鍛冶山中《かじやまなか》

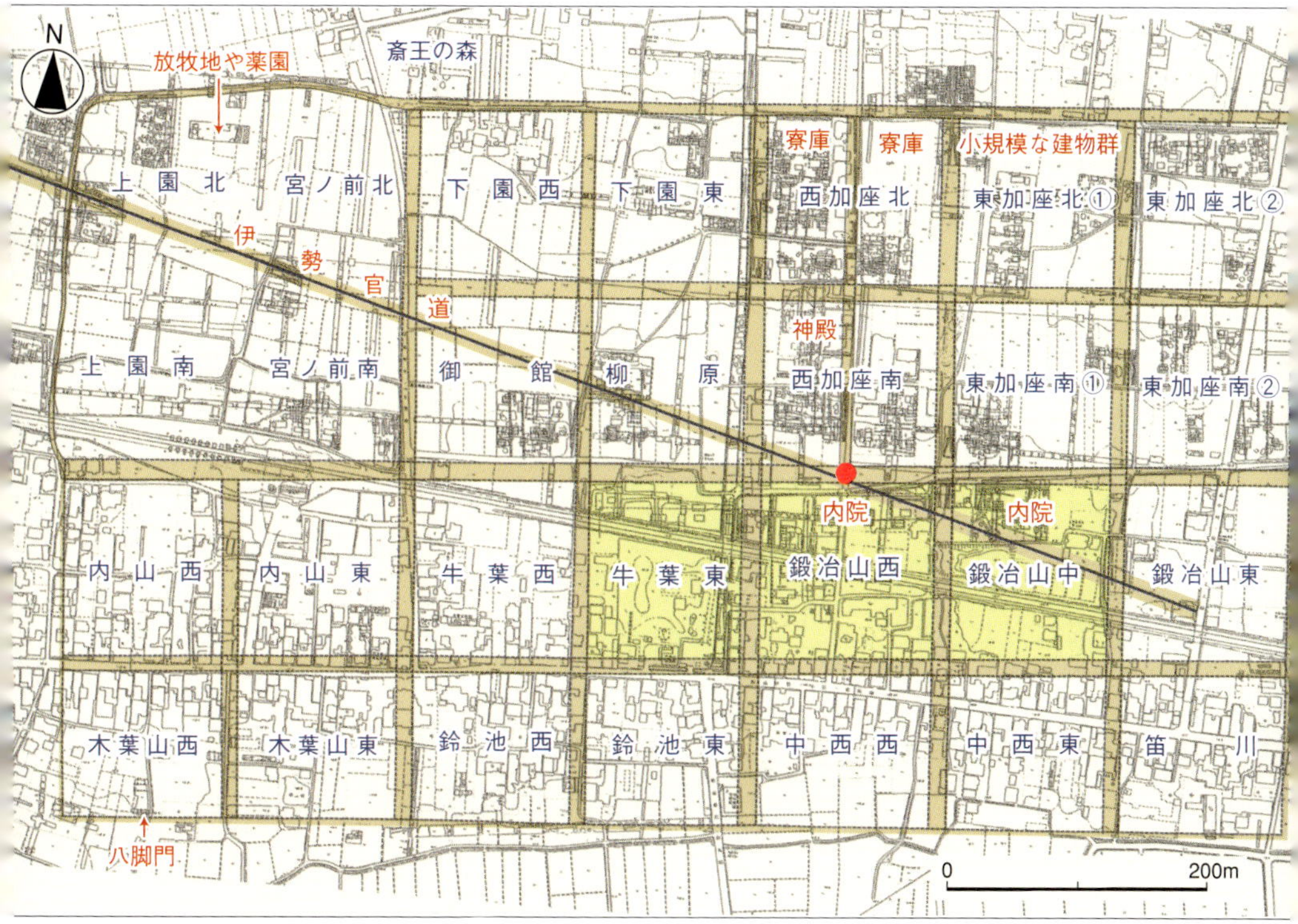

図 20 ● **方格地割**
方格地割は、長岡京の地割と同じく方 400 尺（約 120 m）を基準としている。
造営以前には、伊勢官道が斜めに横断している。

区画と西の牛葉東《うしばひがし》区画が斎王の住む内院と考えられる（図21）。

この区画の奈良時代後期の建物の配置をみてみよう（図22）。

まず、鍛冶山西区画と牛葉東区画に柱列がみられる。これらは、区画をとり囲む掘立柱塀と推定される。こうした柱列は、ほかには八脚門が確認された木葉山西《こばやまにし》区画と西加座南区画の西側で確認されているのみであり、この区画が特別な場所であることを示している。これらの柱列は、一間ごとに立てられた掘立柱の間に横板をはめこんだ塀と考えられる。

塀は東西約一二〇メートルあり、南北も一二〇メートルと推定される。東西の塀は、東へさらに約四八メートル張り出し、この時期の内院は東西二つに分けられている。

内院の西側には約六〇メートルの塀で囲まれた内郭がある。この内郭の中心に斎王の御殿があったと推定される。しかし、内郭の中央部を鉄道が横断するため、残念ながら肝腎の御殿は確認されていない。内郭の南は、外郭の南の塀を共有していたようである。

存在が推定される中心建物の背後には、桁行五間、梁行二間の東西棟の掘立柱建物二棟（図22－1・2）が東西に並ぶ。北西隅

図21 ● **斎宮の模型**
西加座北区画、西加座南区画、鍛冶山西区の部分にあたる。
白色の建物は、推定建物。

には桁行三間、梁行三間の総柱建物（3）も配置され、倉庫としての機能が想定できる。南西部には南北棟の建物（4）や東西棟の建物と推定される二棟（5・6）がある。

こうしたさまざまな建物がある状況から、内郭は公的な執務空間というよりも、斎王の日常的な生活空間と考えられる（図23）。内郭が斎王の居住空間とすれば、内郭の西側には四周を溝に囲まれた掘立柱建物二棟（7・8）が建てられており、特異な機能を有するものとして注目される。

内郭の北には建物はなく、東西に断続的に並ぶ土坑状の遺構が認められる。

内院の東側には、内郭の成立時以降、大型建物が規則的な配置で建てられる。内郭内の北側の掘立柱建物（1・2）の北側柱筋と身舎《もや》の柱筋をそろえて、東西六間・南北四間の南北に庇《ひさし》をもつ斎宮跡最大の掘立柱建物（9）が南面し

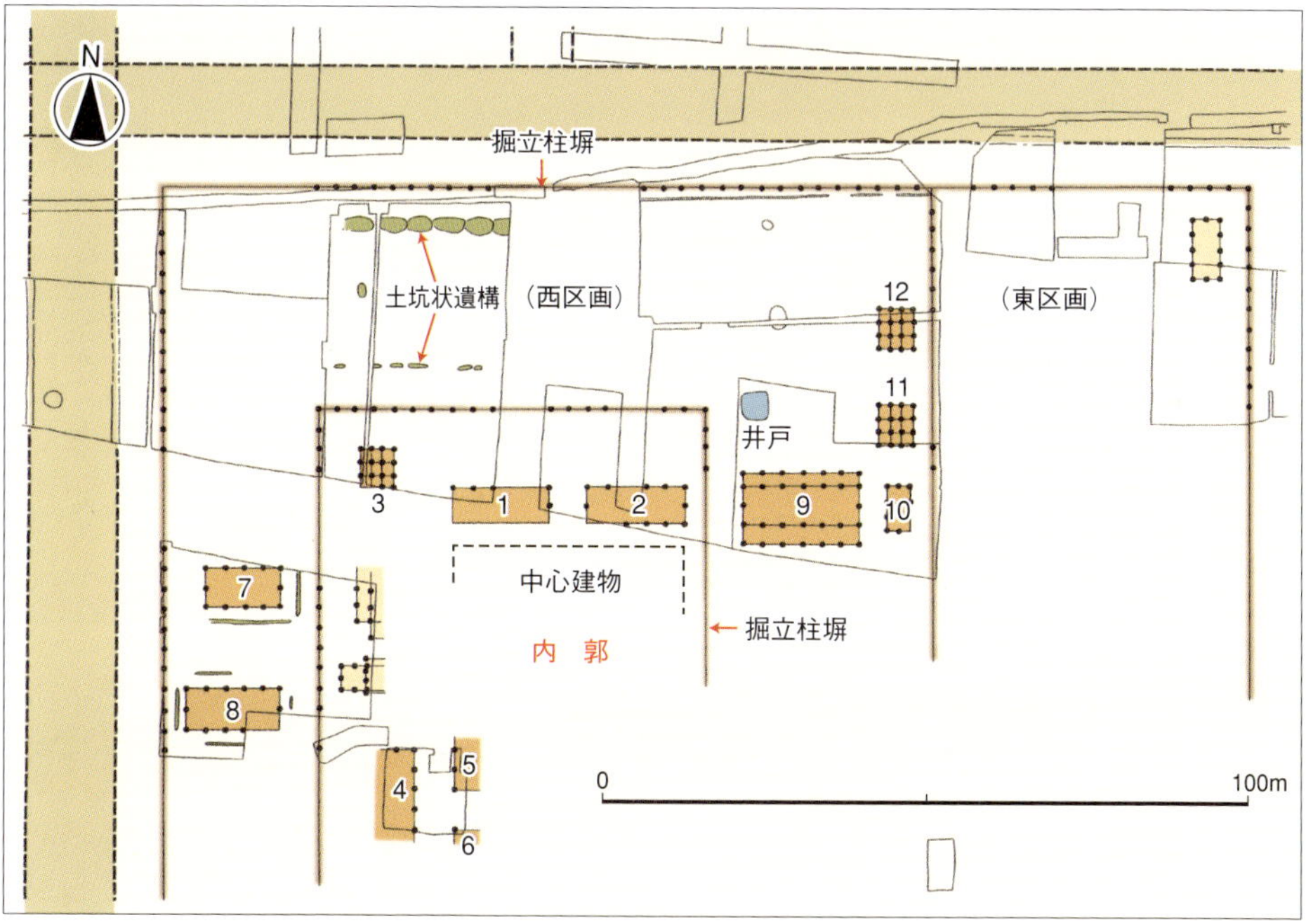

図22 ● **内院第Ⅰ期**
二重の掘立柱塀に囲まれた奈良時代後期の内院。

て建つ（図24）。この建物の北には井戸があり、周辺からは「膳」の墨書土器が出土している。このことから、大型建物は『延喜式』などに記された「台盤所」に相当する施設と推定される。

この大型建物の東側には、身舎の柱筋と北側柱筋をそろえて、南北三間・東西二間の小規模な南北棟建物（10）が建てられる。さらに、その北方には、三間×三間の総柱建物の倉庫（11・12）が南北に並ぶ。

一方、内院では、内郭の北西隅に三間×三間の総柱建物の倉庫（3）が認められるが、その後の遺構変遷において、内院には倉庫風の建物は認められない。これらの総柱建物は、この時期の特徴的な建物構成を示している。

建物はすべて掘立柱

造営当初の掘立柱塀や掘立柱建物は、倉庫と考えられる総柱建物以外は、柱間が約三メート

図 23 ● **斎王の居室**
斎王の御殿は未発見であるが、発掘調査で確認された柱間約３ｍ（10尺）の掘立柱建物を平安京の建物を参考として復元した。

図 24 ● **斎宮跡最大級の掘立柱建物**
東西６間、南北４間の南北に庇が付く建物。柱間は、母屋で１間約３ｍ（10 尺）等間。
下は復元模型。

ル（一〇尺）で統一され、規格性が高い。柱の掘形《ほりかた》も一辺一メートル前後の規模をもち、埋められた柱の深さも一メートル以上とみられる。また、柱の太さは、直径約三〇センチ（一尺）ほどの木材が用いられている。

平城宮をはじめ、この時期の官衙《かんが》の建物は、掘立柱建物で構成されているが、平城宮では八世紀中ごろに、大極殿《だいごくでん》や朝堂院《ちょうどういん》などの建物がより耐久性のある礎石《そせき》建物に建て替えられる。地方官衙の中心をなす国庁の政庁なども、九世紀には掘立柱建物から瓦葺きの礎石建物に建て替えられ、国分寺などの寺院建築とともに、わが国の官衙施設は瓦葺きの礎石建物となる。

しかしながら、斎宮跡では、これまでの調査で約一三〇〇棟の建物跡を確認しているが、礎石建物の痕跡や瓦の出土がみられず、当時の官衙施設としてはきわめて異例であるが、廃絶に至るまで掘立柱建物に固執している。瓦は寺院に使われるため、斎宮はその使用を避けたものであろう。実際、斎宮では、仏教関係の言葉を忌み言葉として言い換えていた。

平安時代初期の内院

内郭の掘立柱塀が消失する平安時代初期には、内院が東西一二〇メートルの区画となり、区画の北辺と西辺の掘立柱塀が少し内側に建て替えられる（図25）。

内院の西側を東西に区切る掘立柱塀（図25－②）は南北に一一間以上確認されている。この塀は、北端が内院北辺の東西掘立柱塀（①）との間に二間の空間を設け、南端は区画を横切る鉄道以南にはのびていない。

内院北側では、南北五間・東西二間の南北棟掘立柱建物（③）と約四〇メートルの距離をおいて対峙する掘立柱建物（④）があり、斎王御殿の後殿《こうでん》の機能をはたしていたと推定される。

内院東側では、鉤型《かぎがた》に配置された建物が平安時代中期まで変遷をたどることができる。奈良時代に建てられた大型建物（図22−9）が五間×四間の東西棟の建物（⑤）に継承され、その南東には南北棟の建物（⑥）が配置される。井戸は東に移っている。

平城宮と斎宮

斎宮の方格地割が整備された時期の都は平城宮であり、方格地割の造営時期を光仁《こうにん》朝の七七一年（宝亀二）と推定しているが、この時期の平城宮内裏《だいり》

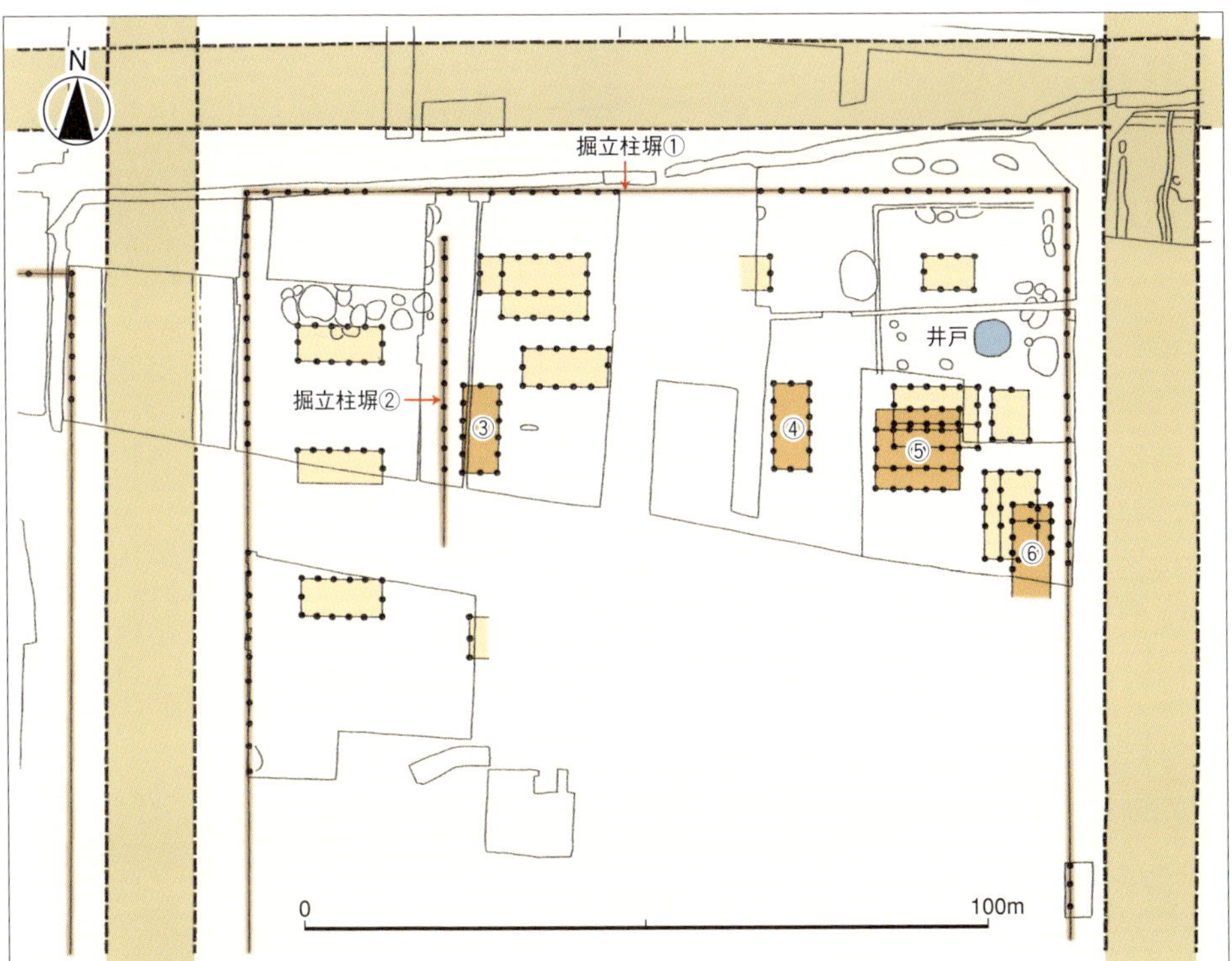

図25 ● 内院第Ⅱ期
内郭は消失するが、内院はそれぞれの地区が機能を継承し、掘立柱建物が重複して建て替えられる。

は平城宮内裏Ⅴ期に該当する。内裏は西辺部が未調査のため不明であるが、内裏内郭の正殿《せいでん》、御在所《ございしょ》、北殿舎《きたでんしゃ》地区、東北殿舎地区、東殿舎地区、東南広場地区に区画され、変遷が明らかにされている。斎宮跡内院は、基本的に平城宮内裏を一つのモデルとしたことがうかがえる。

ただ、斎宮跡の内郭における斎王御殿のあり方と平城宮内裏内郭における御在所との関係は、斎宮跡の内郭南部分の調査が十分でないため即断できない。斎宮跡内院に内裏正殿と同様の建物が存在するとみるのは、この区画においては面積的に無理がある。斎宮では、平城宮の大極殿の機能をあわせもつ中心的官衙地区は、ほかの区画に求めるべきだろう。したがって、斎宮跡内院の内郭には、平城宮内裏の御在所に相当する斎王御殿を中心に、建物が配されたものと考えられる。

内院の建物配置は、内郭地区、西地区、北地区、東地区に大別されることが明らかになっている。それぞれの地区の機能については、今後も詳細に検討しなければならないだろう。しかし、東地区における中心的建物と付属建物の規則的な配置と井戸の存在は、平城宮内裏の東殿舎地区の機能と同じ性格をうかがわせる。平城宮内裏の東殿舎地区は御厨《みくりや》であることから、斎宮でも中心的建物（図22－9）が台盤所にあたるものと想定することができ、ここが膳部司の所管する地区と想定される。

一〇世紀はじめの平安時代前期には、内院を区画する掘立柱塀は消失し、区画内の状況も大きく変わる。内院西側では掘立柱塀（②）を引き継いで掘立柱塀が三度建て替えられ、西側空間の機能は維持されたまま、新たな建物が建てられる。区画中央部の北部には、新たに溝で区画された小郭が成立し、その東西に桁行五間、梁行二間の南北棟の建物が、やはり三度建て替えられる。また、区画の東側は、小規模な建物が建てられるようになる。この時期以降この区画においては、主要な建物は認められなくなり、大量の土器類が廃棄される区画へと変貌する。

3　神殿

奈良時代後期に方格地割が施工され、鍛冶山西区画を中心に内院が形成されて斎宮がその威容を整えた時期に、内院北側の西加座南区画の西側では、特異な空間が創出されたことが判明している。

この区画は、東西約四二メートル、南北約三六メートルの掘立柱塀が四周をとり囲み、外側には溝状遺構がめぐる。掘立柱塀の柱間は、約三メートル（一〇尺）で、内院創設期と同じである。この溝状遺構と掘立柱塀に囲まれた内側には、二棟の掘立柱建物が配置される。南面する建物（図26－1）は、桁行四間（約一〇・八メートル）、梁行二間（約五・二メートル）で、内院地区のこの時期の建物とは異なり、柱間寸法を八～九尺としている。また、この建物の周囲には溝状遺構がめぐっている。溝状遺構は、南東隅および南西隅でつながらずに途切れており、建物にともなう雨落溝とは考えがたい。

また、この建物の南西側にも溝状遺構をめぐらす掘立柱建物（2）が存在する。これは桁行四間（九・六メートル）、梁行二間（約五・四メートル）の南北棟の建物で、建物1と棟方向が直交する。二つの建物は、区画内の南東部の広場を共有する配置となっている。建物[2]の柱間は、桁行八尺、梁行九尺である。

斎宮跡では、このように四周に溝状遺構をめぐらせた掘立柱建物はきわめて少ない。本例以外には、内院西側地区の建物（図22－7・8）が確認されているのみである。これらは雨落溝とは考えられず、生垣などの可能性がある。外界から建物を遮蔽する機能をもっていたのではないだろうか。

この区画では、明確な門や通路などの施設は確認されていない。しかし、幅一〇尺以内の門や鳥居が設けられていた可能性がある。この特異な空間の機能については、不明な点も多いが、溝、掘立柱塀あるいは垣で囲まれ、内部に斎宮跡では比較的検出例が少ない四間×二間の建物を鉤型に配し、儀礼などの想定も可能な広場が存在することを特徴としている。

斎王のつとめは神宮の祭祀に奉仕することであったが、日常生活の場であった斎宮においても、年中行事あるいは臨時の祭祀が数多くおこなわれていた。遺構の特殊性および斎宮の文献史料からみて、この施設は、そうした神殿もしくは主神司の施設であった可能性がある。その時期は、方格地割が施工された奈良時代後期から大規模な改修がおこなわれた平安時代初期に求めることができるが、詳細な機能の解明と

図26 ●神殿の復元模型
溝と掘立柱塀に囲まれ、広場の北と西に掘立柱建物を配置する。

時期は、今後の課題である。
また、斎宮跡からは祭祀にかかわる遺物も多数出土している。斎宮の祭祀については第5章でふれよう。

4　建ち並ぶ役所と倉庫

寮庫

方格地割の東から三列目のもっとも北側に位置する西加座北区画は、内院および神殿がおかれた区画と同様に東西幅が一三〇メートルとなり、ほかの区画にくらべて東西幅が約一〇メートル広い。その中央部に幅約一〇メートルの南北道路が敷かれ、区画を東西に二分している。この区画では東西棟の大型掘立柱建物が二〇〇棟以上あり、五〇棟以上が奈良時代から平安時代初期の掘立柱建物である。

東西棟の五間×二間の大型掘立柱建物が、ほぼ同位置で数度の建て替えがおこなわれている。全体的な建物配置をみると、南北道路をはさんだ両区画内に、それぞれ南北に一定の間隔をおいて柱筋をそろえ、四棟が二列ずつ、計一六棟が整然と配置されている（図27）。

建物は南北の棟間隔を約三〇メートルとし、東西では横方向に約一六メートルの距離をおいて建てられており、ほかの区画の建物配置とは明らかに異なっている。これは『令義解《りょうのぎげ》』の「倉庫令《そうこれい》」にのっとった、火災による延焼を防ぐ措置と考えられる。文献史料や正倉院の調査事例から、古代の「倉」は総柱建物の高床倉庫であり、「屋」は外側にだけ柱を建て、内部には柱を建てない構造の側柱《がわばしら》建物で、土間ないし平地床の倉庫であったことが知られている。したがって、斎宮跡のこれらの建物は「屋」に相当するものと考えられる。また、宮都においても大蔵は宮の北側に設けられていることから、斎宮のこの区画も寮庫であると判断できる。

斎宮では、諸国からおさめられたさまざまな品物（図28）を「寮庫」にたくわえると『延喜式』に記載されている。穀類をはじめとする食糧、衣料、薬草などの医薬品、土器・陶磁器などの食器、文具など斎宮寮の維持・管理に必要な物資は寮庫にたくわえられ、蔵部司が管理していたのである。

役所の建物

斎宮寮には一三の司が所属しており、『延喜式』によれば、従五位の斎宮寮頭（長官）以下、正式の官人二六人と非常勤の官人一〇一人で構成される。また、斎宮の特徴の一つに、斎王に仕える女官が多いことがあげられる。女官を統括して斎王の秘書的な役をつとめる命婦《みょうぶ》（内侍《ないし》）、身の回りの世話をする乳母、庶務的な事務を担当する女孺《にょじゅ》な

図 27 ● **寮庫の復元模型**
西加座北区画では、奈良時代後期に５間×２間の掘立柱建物が南北４棟、東西４列に規則ただしく配置され、斎宮の寮庫と考えられる。

図 28 ● 斎宮の朝貢品
斎宮の財政が国家に移管された 730 年からは、東海・関東地方の国々からも
各国の特産品がおさめられた。

ど四三人を数える（図10参照）。そのほかに雑用をつとめる男女も加えた人数の総数は五二〇人に達しており、これに官人の家族や召使いを加えるとさらに大きな組織となる。

それぞれの司の所在と構造は、先にも述べたように、確定できるまでには至っていない。また、方格地割の各区画の性格についても、官衙機関のみに割り当てられたのか、あるいは官人たちの居住空間も含むかについても、現在のところ明確ではない。

東加座《ひがしかざ》地区は、方格地割により東加座北①②・東加座南①②の四つの区画が存在する地区であり、斎宮存続期において小規模な建物群が確認されている。

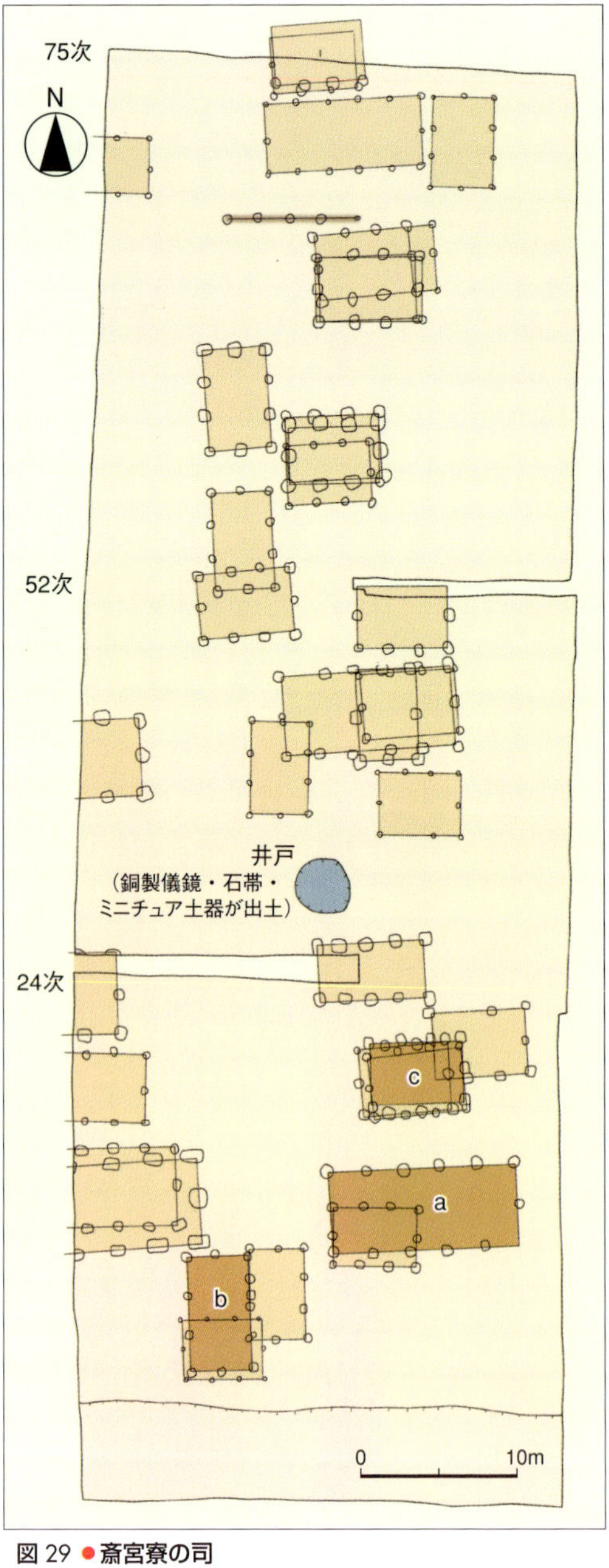

図 29 ● **斎宮寮の司**
斎宮寮に属する司の建物配置図の状況で、大型建物を中心に規則的に建てられている。

東加座北①区画の南西部でおこなわれた第二四次・五二次・七五次調査区では、方格地割が成立した奈良時代後期から平安時代初期において、掘立柱建物aを主殿として、bを脇殿、cを後殿とした建物配置を想定することができる（図29）。これらの建物の北方には同時期のくり抜き井戸が確認され、井戸内からは須恵器の転用硯や石製鉈尾《だび》、小型銅製儀鏡が出土しており（図50参照）、このあたりが官衙空間である可能性を示している。井戸の北側には掘立柱建物群が柱筋をそろえており、斎宮寮の司を想定することができる。

方格地割北東隅に位置する東加座北②区画の北東部では、奈良時代後期の掘立柱建物六棟と竪穴建物六基・井戸が確認されている（図30）。掘立柱建物は、竪穴建物をとり囲むように配置され、双方とも2時期以上の建て替えが認められる。また、これらの建物群の西側には古い建築様式とされ、溝を掘った後に柱掘形を設ける布掘《ぬのぼり》の掘形をもつ四間×二間

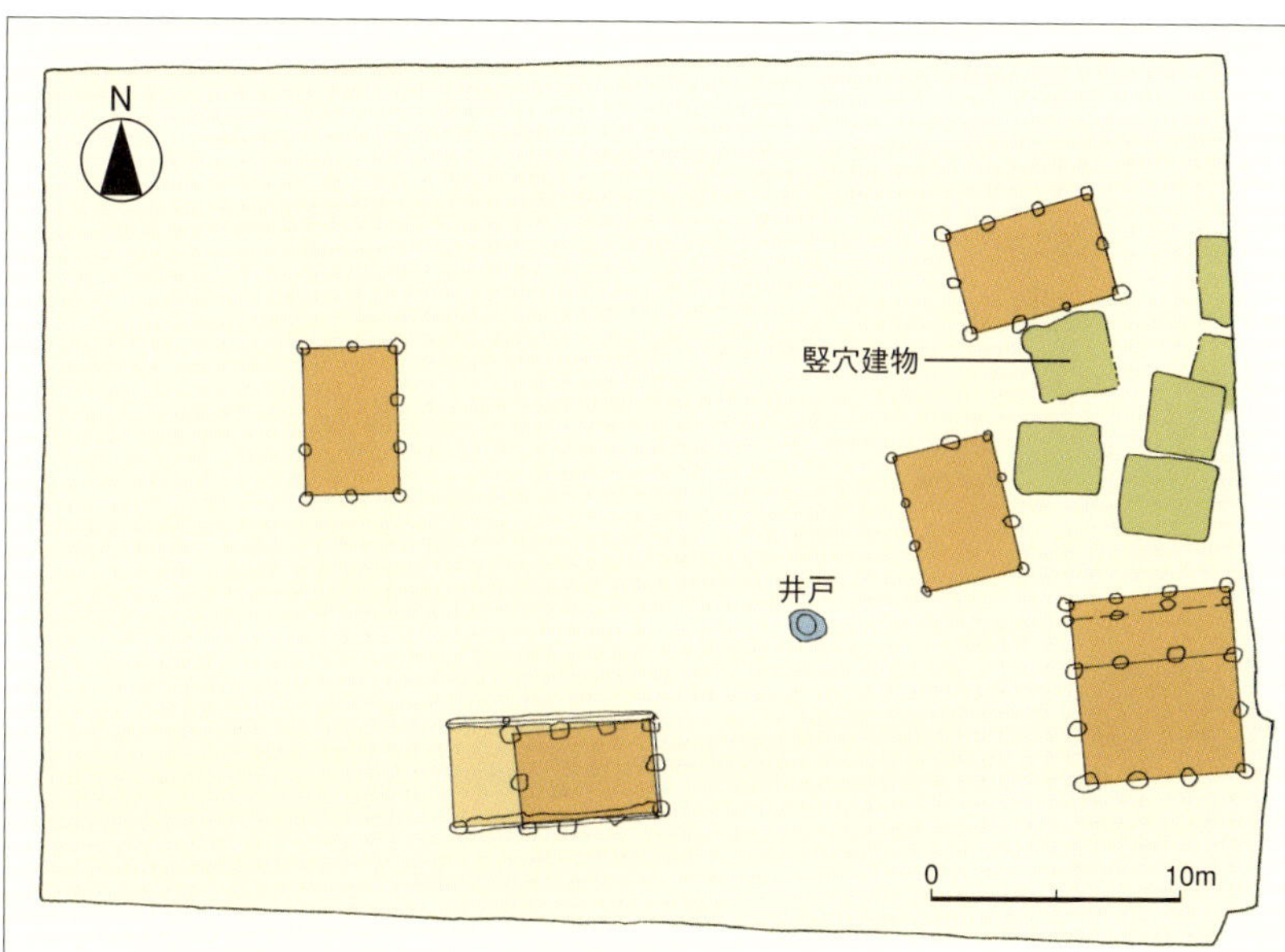

図30 ●井戸を共有する建物
竪穴建物と掘立柱建物が井戸を共有しているが、建物配置の規格性はゆるい。

の掘立柱建物が認められ、井戸を共有した建物群があったと思われる。

これらの建物群は、平安時代前期まで存続している。掘立柱建物は三間×二間の小規模な建物であり、官衙遺構の主要な建物と考えることはできないが、官衙遺構であるとすれば、付属する工房的な建物とも考えられるし、官人層の居住空間と考えることも不可能ではない。

八脚門をもつ建物

『延喜式』は、斎宮の建物について内院・神殿・寝殿・南門・中重庭などの名称を伝えているが、確認された遺構に合致するものは限られている。ことに近鉄線以南の住宅地では、発掘調査も限定されているので、不明な点が多い。しかし、方格地割南西隅の木葉山西区画では、南辺中央部で平安時代初期の八《はっ》脚門《きゃくもん》を確認し（図31）、その後方では東西棟の五間×二間の大型掘立柱建物も確認されている。八脚門には柱列がとり付き、内院と同様に板塀をめぐらしていたと推定される。方格地割南西隅の位置と八脚門という形式から、格式の高い空間と考えら

図 31 ● 八脚門復元推定図
門の型式としては最高位のものであり、斎宮では檜皮葺の屋根と推定される。

POST CARD

恐れいりますが
切手をお貼り
ください

113-0033

東京都文京区本郷
2 - 5 - 12
新泉社

読者カード係　行

ふりがな		年齢	歳
お名前		性別	女 ・ 男
		職業	

ご住所	〒 都道 府県　区 市 郡
お電話番号	− −

◉アンケートにご協力ください

・ご購入書籍名

・本書を何でお知りになりましたか

□書　店　□知人からの紹介　□その他（　　　　　　　　）

□広告・書評（新聞・雑誌名：　　　　　　　　）

・本書のご購入先　□書　店　□インターネット　□その他

（書店名等：　　　　　　　　）

・本書の感想をお聞かせください

＊ご協力ありがとうございました。このカードの情報は出版企画の参考資料、また小社からの新刊案内等の目的以外には一切使用いたしません。

◉ご注文書（小社より直送する場合は送料1回290円がかかります）

書　名	冊　数

れるが、調査区も小さく、その機能の解明は今後の課題である。

方格地割は、東西七列・南北四列の区画で設計されているが、方格地割北西隅部は、区画を限る溝などは存在せず、四区画が一つの区画として機能したと考えられる。また、外郭線も蛇行した曲線となっており、厳格な官舎建物を想定するよりも、薬園などの耕作地、あるいは牛馬の放牧地などを想定するほうが適切と思われる。

5　斎宮にかかわる遺跡

斎王に関連した遺跡は、斎宮跡だけではない。近年、京都では斎王に選ばれた皇女の屋敷跡が発掘されている。ここで、斎王に関連した遺跡として斎宮邸と離宮院を紹介しておこう。

平安京の斎宮邸

一九九九年、平安京の右京三条二坊一六町で、ほぼ一町を占める平安貴族の邸宅が発掘調査された（図32・33）。泉から湧き出た水を受ける大きな園池や石敷とこれらをとり囲むように整然と配置された建物があり、「寝殿造」を彷彿とさせる邸宅である。

この邸宅の池から、灰釉陶器《かいゆうとうき》の底部外面に「齋宮」「齋雑所」「齋舎所」と墨書された土器が出土した（図34）。

『延喜式』によれば、新しく斎王が選ばれると勅使が斎王家に遣わされ、卜部《うらべ》による解除《はらえ》のあ

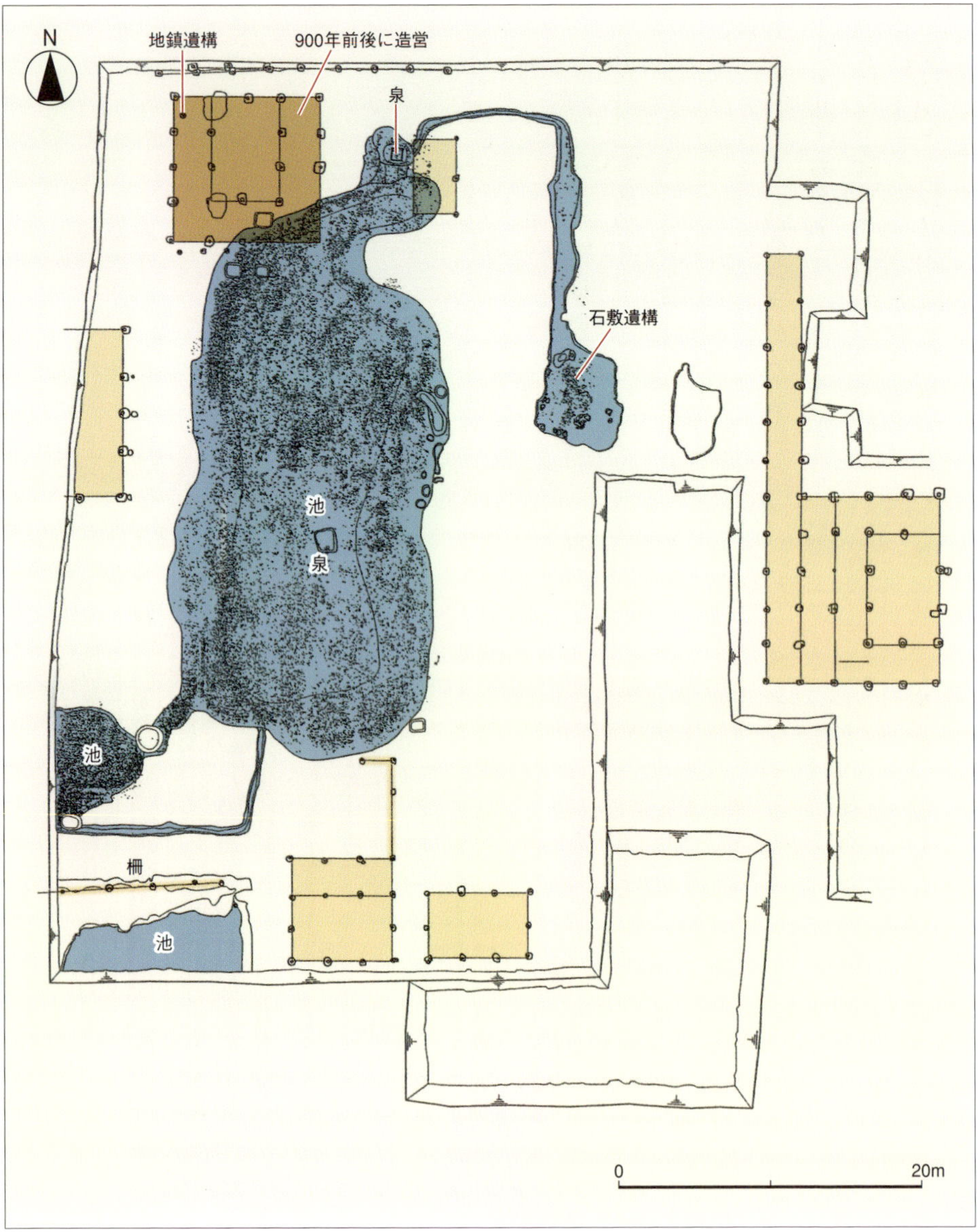

図 32 ● **斎王邸**
平安京右京三条二坊で発掘された斎王邸の遺構。

とに寝殿の四面と内外の門に賢木《ゆうき》が立てられ、斎王は神に仕えるための精進潔斎の日々がはじまる。その後、占いで定められた宮域内の一隅の初斎院へ移り、翌年の八月、宮域外の野宮に移って潔斎生活を送ることになっていた。

墨書土器「齋宮」などが確認されたことから、この邸宅は伊勢斎王の御殿としての斎王家であった可能性がきわめて高い。今回確認された遺構は、邸宅や池の造営は九世紀後半代にさかのぼると考えられているが、九〇〇年前後に池北面に隣接する建物の造営（図32）、泉・池の護岸や洲浜の改修、南半地域での建物の建て替えなど、再整備がおこなわれている。「齋宮」などの墨書土器は、その型式からみて邸宅の再整備の時期と一致し、斎王の卜定にかかわり、斎王家の整備をはじめ、家政機関と考えら

図 33 ● 斎王邸の復元画像
池に面する寝殿造りの斎王邸は、潔斎生活のなかにも王朝文化の華やかさをかもしだしている。

れる「斎雑所」や「斎舎所」も整備されたものと推定される。

では、どの皇女が、この邸宅で斎王としての生活をはじめたのだろうか。この時期には、清和《せいわ》天皇の恬子《やすこ》皇女、陽成《ようぜい》天皇の識子《さとこ》皇女、同じく陽成天皇の掲子《ながこ》皇女、光孝《こうこう》天皇の繁子《しげこ》内親王、宇多《うだ》天皇の元子《もとこ》皇女、醍醐《だいご》天皇の柔子《やすこ》皇女と、短期間に何代もの斎王が交替しており、このうちの誰にあたるのかは特定できない。

しかし、墨書土器「齋宮」の出土は、平安宮近くの一町域を占有する貴族の邸宅が、皇室ときわめて関係の深い斎王家であったことを裏づけたばかりでなく、斎王家も斎宮とよばれていたことが明らかになった。斎王にかかわる伊勢群行以前の卜定（斎王家）・初斎院・野宮・頓宮の実態は、これまでまったく不明であり、今回の斎王邸調査の成果が斎宮解明にはたした意義は大きい。

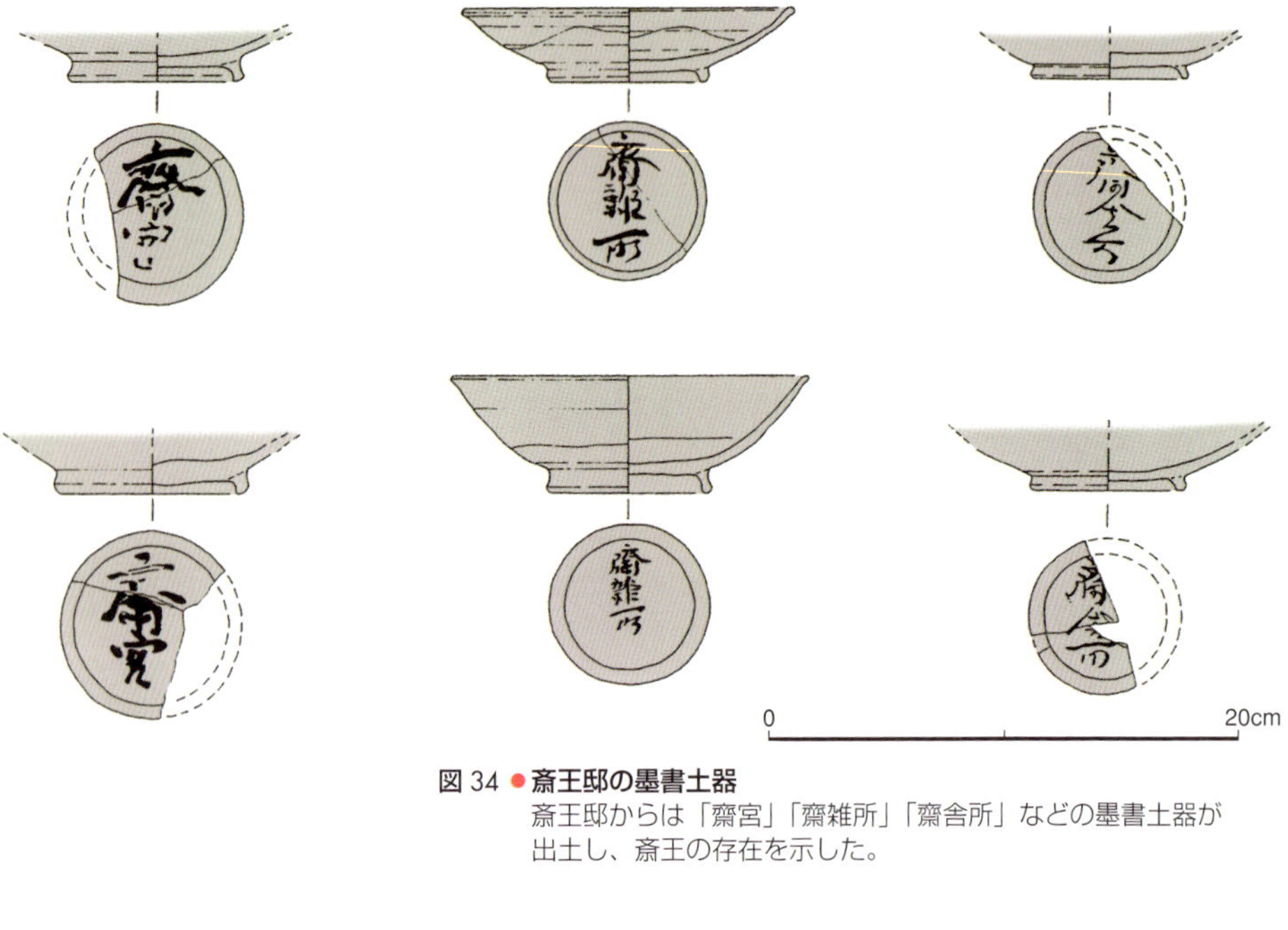

図 34 ● 斎王邸の墨書土器
斎王邸からは「齋宮」「齋雑所」「齋舎所」などの墨書土器が出土し、斎王の存在を示した。

離宮院

斎王は、六月と一二月の月次祭および九月の神嘗祭に神宮におもむき、「御杖代《みつえしろ》」としての大任をとりおこなった。神宮と斎宮は約一五キロ離れており、この三節祭には離宮院に宿泊して、外宮、内宮におもむく。離宮院は宮川の左岸に位置し、ここに太神宮司《だいじくうし》の政庁もおかれていた。八二四年（天長元）、「多気の斎宮から太神宮まで遠いので、度会の離宮を常の斎宮とする」として、一時期斎宮はこの地におかれたが、八三九年（承和六）に焼失し、同年、斎宮は再び多気におかれることになった。

離宮院は伊勢市小俣町にあり、一九二四年（大正一三）に国史跡に指定されている。一九七七年におこなわれた指定地外の調査で八脚門とそれにとりつく塀が確認される（図35）など、離宮院の範囲や構造を解明することが、さしせまった課題となっている。

図35 ● **離宮院の八脚門**
離宮院は、斎王が神宮におもむく際の離宮とされ、一時期斎宮がおかれた。

第5章　斎宮の日々を語るもの

1　日常を語る土器

斎宮跡は、飛鳥時代から鎌倉時代の約六六〇年間におよぶ長い期間存続した宮跡であり、ここで暮らした、斎王をはじめとする人びとが日常的に使った品々が発掘調査により出土している。その出土量は膨大で、斎宮解明の重要な手がかりを与えている。

遺物は日常的に用いられた土器類がもっとも多く、土師器《はじき》や須恵器《すえき》は出土する遺構の年代を決定する重要な基準資料である。

また、あざやかな緑色の緑釉陶器《りょくゆうとうき》や、各種の硯《すずり》、石帯《せきたい》などはこの遺跡が国家の機関であったことの証《あかし》であるし、ミニチュア土器はここでおこなわれた祭祀の一端を示しており、いずれも貴重な遺物である。

土器でわかる斎宮の変遷

斎宮跡の変遷については、出土する土師器・須恵器・緑釉陶器・灰釉陶器《かいゆうとうき》などの土器類の編年を基準に時期決定をおこなっている。飛鳥・奈良時代から平安時代までの斎宮跡出土の土器を三期に大別し、飛鳥・奈良時代を斎宮第Ⅰ期、平安時代前半期を斎宮第Ⅱ期、平安時代後半期を斎宮第Ⅲ期とし、各期を細分して斎宮跡の変遷をとらえている。

飛鳥・奈良時代（斎宮第Ⅰ期）

飛鳥・奈良時代の土器は（図36）、大来皇女が伊勢へおもむいた六七四年から桓武天皇の長岡京造営の七八四年までを四段階に分けている。

〔第一段階〕大来皇女群行の六七四年から平城宮遷都の七一〇年まで。土師器と須恵器があり、土師器には古墳時代以来の椀《わん》や甕《かめ》のほかに、新たに都で使われた土器の外面をヘラミガキとよばれる手法で整え、内面に棒やヘラで放射線や螺旋《らせん》、連弧状に暗文《あんもん》とよばれる文様を施した杯《つき》・皿・高杯《たかつき》などが出現す

図36●飛鳥時代から奈良時代の土器

る。これらの土師器は、斎宮跡の南にあたる蓑村《みのむら》から明星《みょうじょう》にかけて存在する国史跡水池《みずいけ》土器製作所跡や北野《きたの》遺跡などで生産されたことが明らかになっている。須恵器は、古墳時代の特色である蓋杯《ふたつき》や、つまみのある蓋にかえりのつくものが依然としてみられる。

〔第二段階〕七一〇年から斎宮の財政を神宮から独立させる「天平二年の詔」がだされる七三〇年まで。新たに奈良三彩《ならさんさい》などの施釉陶器《せゆうとうき》がもたらされ、須恵器も蹄脚硯《ていきゃくけん》や大型の円面硯《えんめんけん》が出土し、愛知県猿投窯《さなげよう》の須恵器も運ばれるようになる。土師器も外面にヘラミガキを施すものが多くなり、都の影響が強くあらわれるようになる。

〔第三段階〕七三〇年から光仁天皇即位の七七〇年まで。これまで経済的に神宮に依存していた斎宮寮の財政基盤を国家財政でまかなうことになり、貢納品が多数もたらされ、須恵器は美《み》濃《の》須衛窯《すえよう》の製品が主体を占める（図37）。土師器は都の土器の影響を受けて、ヘラミガキや暗文を施すものが少なくなり、ヘラケズリ調整が多くなる。

〔第四段階〕七七〇年から長岡京造営の七八四年まで。方格地割が施工された時期であり、土師器は、杯の底部と口縁部との境が明瞭になり、底部外面もヘラケズリしないものが出現する。

図37 ●美濃須衛窯で焼かれた須恵器の刻印
斎宮跡で「美濃」と施印された須恵器は、これまで2点が出土し、これと同じ印面をもつ陶印が岐阜県老洞1号窯から出土している。

平安時代前期（斎宮第Ⅱ期）

第Ⅱ期は、桓武天皇の長岡京期の七八五年から村上天皇までの約一七〇年間で、斎宮の機能がもっとも充実した時期である。この時期を四段階に細分している。

〔第一段階〕七八五〜八二〇年。新しいタイプの杯・皿・椀・甕が出現する。杯・皿は底部が平坦で体部は直線的あるいは外反ぎみに開き、口縁部が内彎ぎみに立ち上がる。奈良時代のものとくらべると口径に対する器高が低く、全体に浅くなっている。椀は小さく平らな底部と外方に大きく開く体部となる。

〔第二段階〕八二〇〜八五〇年。奈良時代の特徴を残すタイプのものがなくなる。一方、新しく灰釉陶器や緑釉陶器が出現し、須恵器は甕や鉢などを除き少なくなる。

〔第三段階〕八五〇〜九〇〇年。須恵器の杯・椀・皿などの器形は灰釉陶器のほうが多くなる

図38 ● 平安時代前期の第三段階の土器

（図38）。また、黒色土器の出土も増加する。基本的には土師器が大半を占め、祭祀や儀式で用いられた土器類の九割以上を占めることが、廃棄土坑の分析からわかった。

〔第四段階〕九〇〇～九五〇年。土師器の杯と椀の区別がむずかしくなり、色調も橙褐色から淡褐色、あるいは白色に近いものになる。

平安時代後期（斎宮第Ⅲ期）

第Ⅲ期は、村上天皇の九五〇年から堀河天皇までの約一五〇年。三段階に分け、各段階を約五〇年間に細分している。

〔第一段階〕九五〇～一〇〇〇年。土師器杯の縮小化が進み、皿との区分が不明瞭となり、器の種類も少なくなる（図39）。

〔第二段階〕一〇〇〇～一〇五〇年。ロクロ土師器が増加し、黒色土器は消滅する。

〔第三段階〕一〇五〇～一一〇〇年。平安時代末期にあたり、これまでの灰釉陶器にかわって無釉の山茶碗《やまちゃわん》

図 39 ● 平安時代後期の第一段階の土器

の椀・小椀・皿となり、中世土器の構成を示すようになる。

2　土器に書かれた文字

官司名が書かれた土器

方格地割の各区画の名称や機能、建物等を確定する文字資料は限られている。斎宮跡は洪積台地に立地し、地下水位が低く、有機質の遺物の保存状況には恵まれていないため、都城遺跡では出土する木簡も、斎宮跡では出土事例が少ない。そのなかで官司名や役職名が記された墨書土器がこれまで二十数点出土しており、斎宮跡を考究する貴重な手掛かりとなっている。

鍛冶山西区画では「膳」「部」、その東側の鍛冶山中区画では「膳」「鴨」、西加座南区画では「目代」「少允殿」「司」「大炊」「寮□」「府」「官」、西加座北区画では「水部」「厨」「應」、東加座北①区画では「水司」「殿司」「殿（?）」「驛」、東加座南②区画では「炊」「酒」、上園北《かみぞのきた》区画では「蔵長」「蔵」「薬」「水司鴨三」のほか、方格地割周辺でも「水司鴨□」「厨」「長」が出土している（図40・41）。

これら墨書土器の出土が、その地区の官司名にただちに結びつくかどうかは慎重を期さねばならないが、4章でも述べたように、鍛冶山西・中区画の「膳」は、鍛冶山西区画で検出された大型建物群が斎王につかえる女官たちの台盤所にかかわるものと推定され、膳部司の所管する地区であることを示唆している。

「寮□」

「殿司」

「炊」

「驛」

「膳」

「酒」

図 40 ● **官司名墨書土器**

「膳」「水司」「炊」「酒」など官司を示すもの、「目代」「蔵長」など役職を示すものがあり、多くは土師器の外面に墨書される。

「水司鴨□」（ヘラ書き）

「水司」

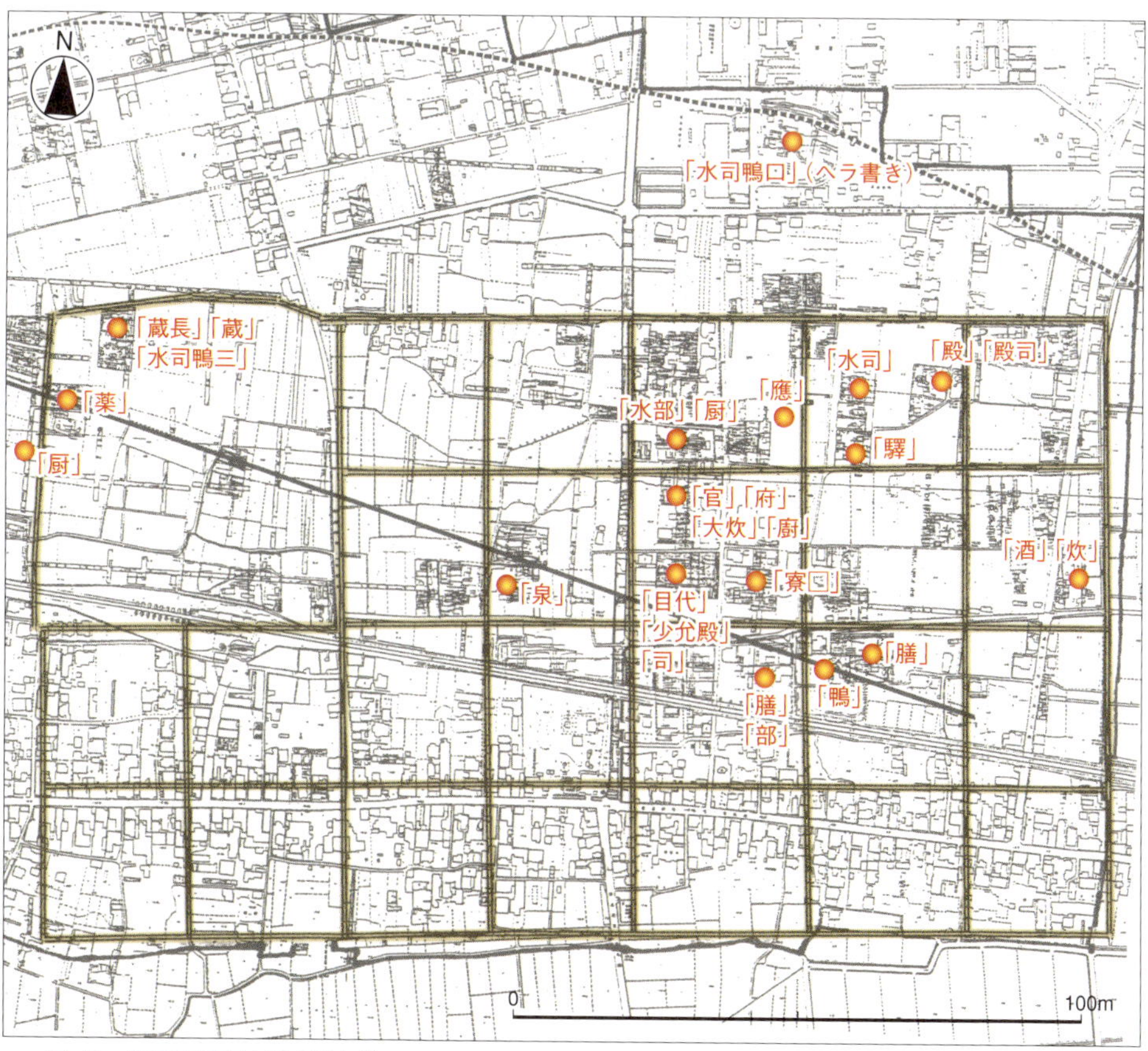

図 41 ● **官司名墨書土器の出土地**
大半は方格地割内で出土しており、各区画の性格を考えるうえで貴重な資料である。

「目代」「少允殿」

西加座南区画は、方格地割成立時期には神殿と想定される建物群が確認されているが、平安時代前期になると、庇をもつ大型の掘立柱建物群が配置される官衙地区となったようだ。この区画の井戸から「目代《もくだい》」（図42上）「少允殿《しょうじゅうでん》」（図42中）の墨書土器が出土している。「目代」は、伊勢国司の代理を務める官人を示す職名である。九世紀前半には斎宮寮頭と伊勢国司は兼任する例が多いことが文献史料からも知られており、伊勢国司は、目代を派遣して斎宮寮の管理・運営にあたらせたことを裏づけている。

「少允殿」の少允は、斎宮寮の三等官（従七位相当）の官職名であり、目代とともにこの空間が、九世紀前半には斎宮寮の中枢をしめた人びとの執務場所であったことをうかがわせる。

一方、方格地割北西隅の四区画分をしめる区画からは「蔵長」（図42下）「蔵」の墨書土器が出土しているが、当該区画は四つの区画が一つの区画として利用され、役所としての建物配置が希薄な地区である。「蔵長」は、斎宮寮の財政を担当する蔵部司の長官を示すものと考えられるが、この区画で蔵部司の存在を想定できる建物群は確認されていない。これは墨書土器の出土がかならずしも司の所在を示すものではないことを示している。

この「蔵長」は、土師器の底部外面に墨書され、先の「少允殿」が灰釉陶器に記されていたのとは器種が異なる。少允より位が高い蔵部司の長官（従六位相当）が、ほぼ同一時期に普通の土師器を使っていたということには疑問があり、むしろ「蔵長」の土師器は、斎宮でとりおこなわれた祭祀あるいは儀式に蔵部司の長官が用いたものと考えることもできる。

この調査区からは「薬」の墨書土器も出土しており、変則的な区画であるこの区画を薬草園や放牧地と推定する根拠ともなっている。

水部司と鴨氏

「水司」「水部」の墨書土器とヘラ書きの「水司鴨□」が、方格地割の北東部で出土し、水部司が配置された区画が北東部にあったことを想定できる。方格地割はごくわずかであるが、西側が高く東側が低い地形となっていることから水脈を得やすく、このあたりの区画に水部司が配置されたと考えることができる。また、「水司鴨□」のヘラ書き土器と「水司鴨三」の墨書

図 42 ●**「目代」「小充殿」「蔵長」の墨書**
「目代」「小充殿」は灰釉陶器椀の外面に、「蔵長」は土師器の外面に記される。

土器の出土は、水部司に鴨氏がかかわっていることを明らかにしている。

鴨氏は、カモ県主《あがたぬし》の系譜をひく一族で、大化前代から宮廷に薪炭《しんたん》を供給する一方、氷室《ひむろ》の氷を貢納する職を負っていたが、県の解体、律令制の導入とともにカモ県主は山城国の葛野《かどの》地域（京都市北東部）の支配権を失い、神官家となる。しかし、その職掌はそのまま令制の主殿寮《しゅでんりょう》および主水司の殿部、水部として維持され、代々世襲されて、またそれは一族の遠縁にもおよんでいたであろうと指摘されている。

出土した土器は、鴨氏が斎宮においても内廷に通じる特定の職を世襲していた可能性を示唆している。特定の氏族から官人を任用するという伝統的な官人登用が斎宮でも適用されていたことは、ほかの官衙遺跡と異なり、中央官制の規制と伝統が強くはたらいた斎宮の性格をあらわしていよう。

ひらがな墨書土器

斎宮跡出土の文字資料として、官司名墨書土器や人面墨書土器以外にも、土師器の杯・皿の内外面にひらがなが墨書されたものが七〇点ほど出土している（図43）。

ひらがなの体系的な成立は、一般に九世紀後半頃とされている。以後、ひらがなは女性が用いる文字として普及した。斎宮跡のひらがな墨書は、九世紀後半以降から認められ、平安時代中期の一一世紀後半にまとまって出土している。ひらがな墨書土器は、平安京以外では出土例が少なく、貴重な資料である。

図 43 ● **ひらがな墨書土器**
土師器の底部などに流麗な筆運びのひらがなの墨書がみられる。

ひらがな墨書は、細い筆による流麗な筆運びで書かれたものが多いが、習い書きや筆ならしと思えるような筆跡であり、文字としてはいくつかの文字が部分的に判読できるのにとどまる。これらの墨書土器の大半は、斎王の居所と考えられる内院にあたる鍛冶山西区画や、その西の区画で斎王のハレの場として推定されている牛葉東区画に集中しており、そこは斎王に仕える女官の控えていた空間と考えられる。

このほかにも、人面墨書土器や吉兆語句を記した土器がある。それらについては、4節の「斎宮の祭祀」で紹介しよう。

3　官衙の証

さまざまな硯

墨書土器の存在は、当然、墨書する文房具があることを意味しており、実際に斎宮跡解明の端緒となった蹄脚硯をはじめ各種の硯が出土している（図44）。そのうち陶硯《とうけん》は約一五〇点ある。出土地点は史跡全域に広がっており、調査の進捗状況にもよるが、方格地割内での出土が多い。蹄脚硯は二点出土しており、ともに古里地区での出土である。一方、平安時代に出現する風字硯《ふうじけん》は、大半が方格地割内に限られている。

硯の形態では円面硯がもっとも多く、約七割以上を占めている。円面硯には、脚台に透かしを施すもの、方形透かしを二段に施すもの、長方形透かしや十字透かしとヘラ描を組み合わせ

円面硯

風字硯

猿面硯▶

図 44 ● 硯

古代の硯は、丸い形をした円面硯が一般的である。平安時代には、平面形が「風」の形に似た風字硯、猿の顔を連想させる猿面硯（さるづらけん）などが出現する。

たものなどがある。円面硯についで多いのが風字硯であり、須恵器・緑釉陶器・灰釉陶器・瓦器《がき》・黒色土器など多様である。なかでも緑釉陶器の風字硯は全国的にも希少な事例である。

このほか、動物などをかたどった形象硯があり、斎宮跡からは鳥形硯と羊形硯が出土している（図45）。

鳥形硯は、方格地割の西加座北区画で出土した。頭部のみの出土で、くちばしや胴部は欠損している。目は半球状に盛り上がり、鼻孔は棒状工具による沈線で表現している。また、同じ調査区からは、羽毛を表したと考えられる線刻の陶器片も出土している。

羊形硯は古里地区から、これも頭部のみが出土した。両角と体部は欠損している。顔の表面には髭や体毛など、ヘラ状工具によるこまかい表現がみられる。目は鳥形硯と同様、半球状に盛り上がり、頭部には瘤《こぶ》が二つある。頭部の角は大きく後方に巻き込んで、頭の横へのびるようである。目や鼻は棒状工具による沈線であらわされる。

中国では羊は霊獣とされ、その源流はシルクロードをた

図 45 ● 鳥形硯と羊形硯
ともに頭部のみが出土した。

どって西アジアまで行き着く。しかしながら、中国では羊をかたどった硯の出土は知られていない。当時、日本には羊はいなかったが、飛鳥時代に百済から、平安時代には新羅から進上された。

こうした硯以外にも、須恵器などの破片を硯として転用した例もある。

緑釉陶器

唐三彩・奈良三彩の影響を受けた緑釉陶器は、平安時代から流通するようになる。これらが出土する遺跡は、都城遺跡や主要な官衙に限られていた。斎宮跡では三彩陶器六点と約七二〇〇点の緑釉陶器片が出土している。八世紀末から九世紀前半にかけての緑釉陶器は、方格地割内で出土することが多い。

九世紀後半には緑釉陶器の出土数も増

図 46 ● **緑釉陶器の陰刻花文の椀**
愛知県猿投窯の９世紀後半の製品。

加し、斎宮跡の緑釉陶器を特徴づけるものとして、椀や皿の内面に花の文様をヘラで刻んだ陰刻花文とよばれる製品が二〇〇点ほどある。器の内面中央に蓮華の花に似た八枚の花弁の文様、口縁部内側には花弁を半分に割った半裁の花弁を四カ所ほど対面に配置したものである（図46）。花弁の描かれた線が直線的で、固い印象を与える九世紀前半の陰刻《いんこく》花文《かもん》は少量みつかっているが、九世紀後半になるとのびのびした線で描かれ、優雅な印象を与える陰刻花文が多く出土するようになる。陰刻花文の緑釉陶器は、一〇世紀になると花文が粗雑になり、後半にはみられなくなる。

斎宮跡から出土する緑釉陶器は、椀や皿が中心であるが、大壺（図47下）や口が大きく開く

香炉

唾壺

大壺

図 47 ● **緑釉陶器**
種類の多さは、京の宮廷文化に通じる。

唾壺《だこ》（図47中）、把手の付いた瓶などのほか、香炉（図47上）、風字硯、陶枕《とうちん》などもある。

中国の服制にならった腰帯

律令国家の官人には、いろいろな規定が課せられる。公式の場での衣服についても「衣服令」により、位階に応じて着用すべきこまかい規定が定められていた。上着を身体に固定するには、「綺帯《かんはた》」とよばれる組み紐が用いられていたことが、『日本書紀』などに記される。『扶桑略記《ふそうりゃっき》』七〇七年（慶雲四）に「天下始めて革帯を用いる」とされ、このころに服制を中国の唐の制度にならい、鞁革《おびかわ》と鉸具《かこ》（バックル）からなる腰帯《ようたい》が採用された。銙《か》とよぶ飾り座を連続して据えるのを特色として銙帯《かたい》ともいわれ、銙の材料から金帯・銀帯・白銅帯・石帯・玉帯などの区分がある。「養老令」の衣服令では、五位以上は金銀装腰帯《きんぎんそうようたい》として、銙を金銀飾りとした革帯、六位以下無位も烏油腰帯《くろつくりのようたい》として、銙を銅製黒漆塗りとした革帯と規定している。

その後、『日本後紀』七九六年（延暦一五）には「銙を禁じ」、銅銙を廃したことが知られ、さらに八一〇年（弘仁元）には石帯に変更したことが知られる。したがって、公式の制度では、弘仁元年からは石帯が採用されている。

斎宮跡からは、これまで、帯金具一点、石帯一八点の出土が確認されている（図48）。出土地点のわかっている石帯一五点は、方格地割内一一点、方格地割北側一点、史跡西部で三点と、多くが方格地割内で出土している。

個々の石帯の年代を確定することはむずかしいが、土器との共伴関係から年代がわかっているのは、平安時代初期の丸鞆《まるとも》（丸い形の銙）・鉈尾、平安時代前期の帯金具（鉈尾）、平安時代中期の丸鞆の五例のみである。

斎宮跡の石帯は、一八例中八点が黒色である。六位以下無位の官人は、やはり烏油腰帯と同じように黒色のものを帯びることを求められたのだろう。平安時代初期と考えられる丸鞆や巡方《じゅんぽう》（四角の銙）には、長方形の透かしが認められるものもある。透かしは、銅銙には基本的に認められるものであり、腰帯に玉類などをつける佩飾《おびかざ》りを垂下するものであり、透かしの消失は形態上の変遷と考えられる。

図 48 ● 復元された石帯
官人の帯に貼り付けたられた丸鞆や巡方。

4　斎宮の祭祀

古代の信仰と祭祀

七〇一年（大宝元）に制定された「大宝律令」において、これまでの伝統的な神々の世界が再編され、天照大神を最高神とする神祇制が定められた。一方、六世紀に伝来したとされる仏教は、崇仏派の蘇我氏と廃仏派の物部氏との政治的な抗争に発展し、五八七年（用明二）に蘇我氏が勝利する。以後、仏教は発展をつづけ、七四一年（天平一三）の聖武天皇による国分寺建立の詔によって、国家鎮護の中核としての地位を確立した。また、日本の古代社会には民間道教が定着しており、その神仙思想は日本の古代国家にも多大な影響を与えていた。

このようにわが国における信仰と祭祀は、東アジア世界の文化を受動しつつ、伝統的な信仰に由来した宗教が複雑に融合していた。

『延喜式』にみえる斎宮の祭祀

2章でも述べたが、斎王のつとめは『延喜式』に「斎内親王の三時祭に参るとき」として、六月・一二月の月次祭と九月の神嘗祭をあげるように、三時《さんじ》・三節祭《さんせつさい》あるいは三時祭《さんじさい》とも称される神宮の祭祀に奉仕することである。

一方、斎宮年中行事として記録に残されている祭祀は、各月の朔日の大神宮遙拝（六・九・一二月を除く）、忌火《いんび》・庭火祭《にわびのまつり》、各月の晦日卜庭神祭《うらにわのかみまつり》・解除《はらえ》（六・九月を除く）のほか、元旦・白馬《あおうま》・踏歌・端午・相撲《すまい》・重陽の節会、六月と一二月の晦日には鎮火祭《ほしずめのまつり》・道饗祭《みちあえのまつり》・大殿《おおとの》祭《ほがい》・御贖祭《みあがものまつり》・大祓《おおはらえ》などの祭祀があった。

『延喜式』では、「斎宮祈年祭神百十五座」を定め、このうち斎宮内には大社十七座（大宮売《おおみやのめの》神《かみ》四座、御門神《みかどのかみ》八座、御井神《みいのかみ》二座、卜庭神《うらにわのかみ》二座、地主神《とこぬしのかみ》一座）をまつることを規定している。

斎宮におかれた大社一七座は、御巫清直の『神宮神事考証《じんぐうしんじこうしょう》』によれば、神祇官の八神殿に準じて外院の主神司のなかにまつられたとみられる。

　また、斎王が伊勢に向かう前に一年を過ごす野宮の祭神は一九座であり、野宮でまつられた忌火神《いんびのかみ》・庭火神《にわびのかみ》・御竈神《みかまどのかみ》二神は、斎宮の所司に祀られたとされる。野宮にはみられず、斎宮のみにみられる大社は、卜庭神二座がある。

　斎宮寮の膳部・炊部・殿部・酒部・水部司などの飲食物や殿舎に関する諸司では、宮内省の大膳職《だいぜんしき》・大炊寮《おおいりょう》・主殿寮《しゅでんりょう》・造酒司《ぞうしゅし》・主水司《しゅすいし》などと同様に、諸司内外にそれぞれの神をまつり、二月と八月に祭をおこなった。

　斎宮における祭事や斎王のかかわりについての詳細は不明な点も多く、奈良時代後期の神殿と推定される遺構以外に、祭事を具体的に物語る遺構や遺物はかな

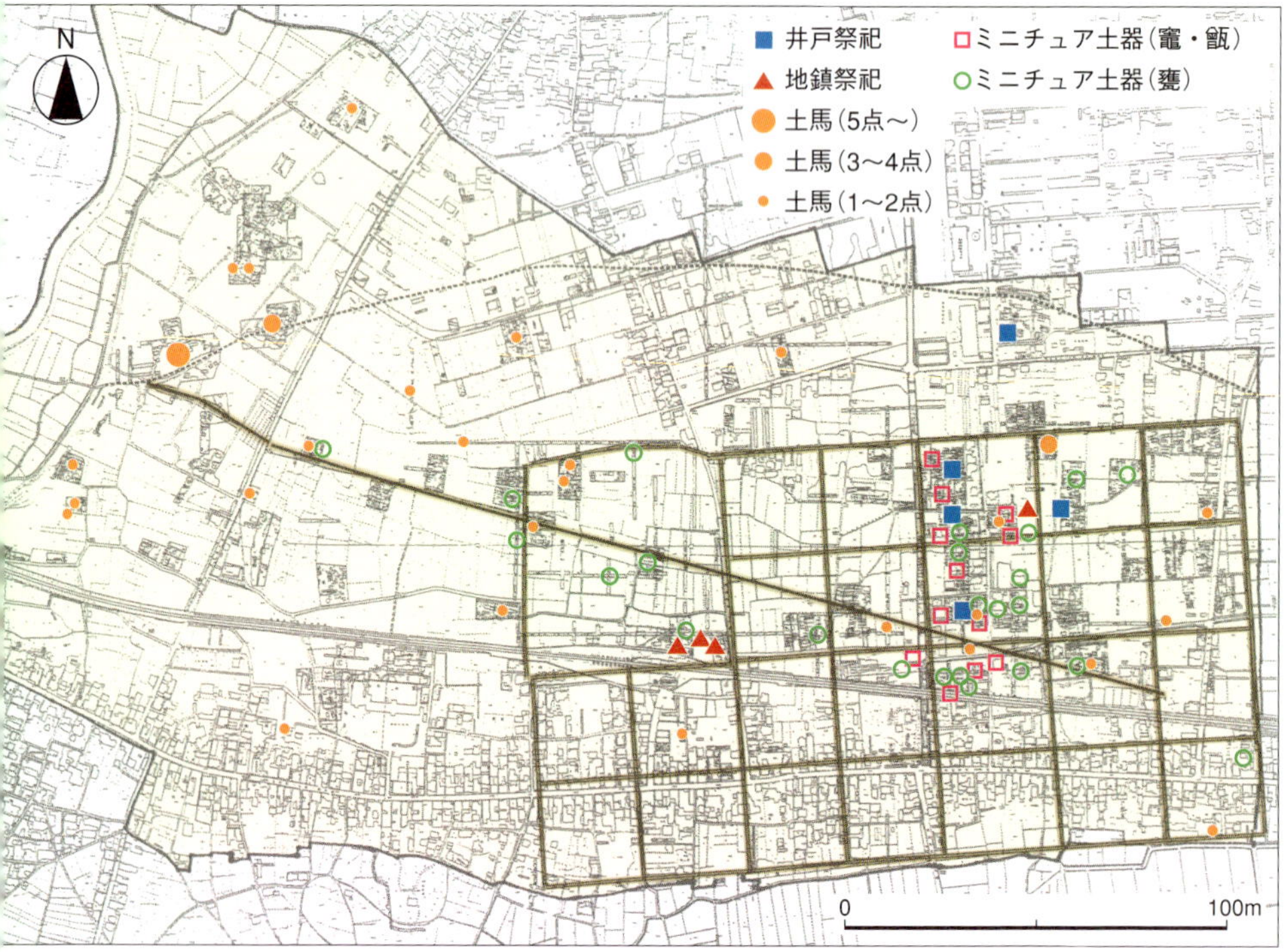

図 49 ●祭祀関連遺物の出土地
井戸祭祀および地鎮祭祀は、方格地割内にかぎられる。ミニチュア土器のうち竈・甑は内院近くの中枢部のみで出土。

らずしも多くはない。しかし、当時の斎宮あるいは人びとの信仰をうかがわせる遺物がある。

井戸祭祀

日本では井戸に御井神がいて、おもに水の功用とかかわっており、また水そのものには水神《みずのかみ》がやどっていると古代から信じられて、この二神をまつるという風習があった。

一方、地下は鬼のすむ世界であり、井戸はそこへ通じているという考えや陰陽五行説にもとづく土公神《どくじん》（土の守護神）の信仰などが中国から入っている。井戸を掘削したり、埋めたりする際におこなう祭祀は、このような中国思想の影響を多く受けている。斎宮の井戸の祭祀は、井戸構築、井戸使用、井戸廃棄の段階においておこなわれたとみられる。

斎宮跡には井戸祭祀にかかわる遺物が出

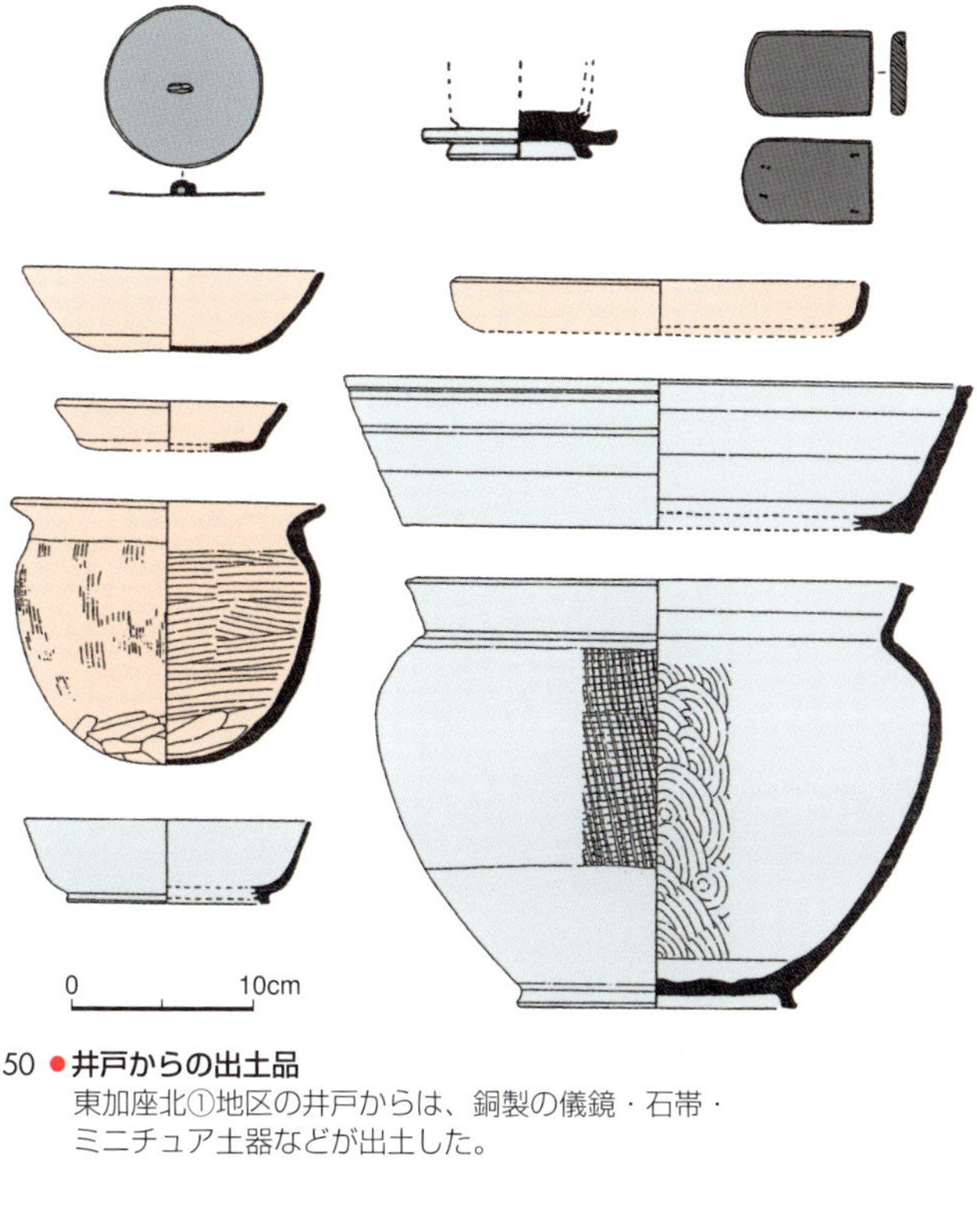

図 50 ●**井戸からの出土品**
東加座北①地区の井戸からは、銅製の儀鏡・石帯・ミニチュア土器などが出土した。

土した井戸跡がいくつかある。

それぞれの井戸から斎串《いぐし》、銅製儀鏡《どうせいぎきょう》、石帯、ミニチュア土器の托、刀型木製品、人面墨書土器、墨書土器、馬歯、木製横櫛などが出土している（図50）。これらの遺物がどの時期の井戸祭祀に使用されたのか、あるいは『延喜式』に記される祭祀とどのようなかかわりがあったのかは不明である。むしろ、当時の社会で一般的におこなわれていた祭祀の一端を示すものと思われる。

地鎮にかかわるもの

斎宮跡における祭祀の実態を示す事例として、地鎮にかかわる遺構・遺物が確認されている。

方格地割の中央部北端の西加座北区画は、斎宮寮の寮庫地区と考えられている（図27参照）。掘立柱建物内で確認された平安時代初期の小土坑は一辺三七センチ、深さ二五センチの隅丸方形の柱穴状で、底に「和同開珎《わどうかいちん》」四枚をおき、蓋をした須恵器杯が正立の状態で出土した（図51）。

また、方格地割成立以前の奈良時代中期と推定される土坑でも、和同開珎五枚が土師器杯の底部内面に裏向きに入れられ、土師器

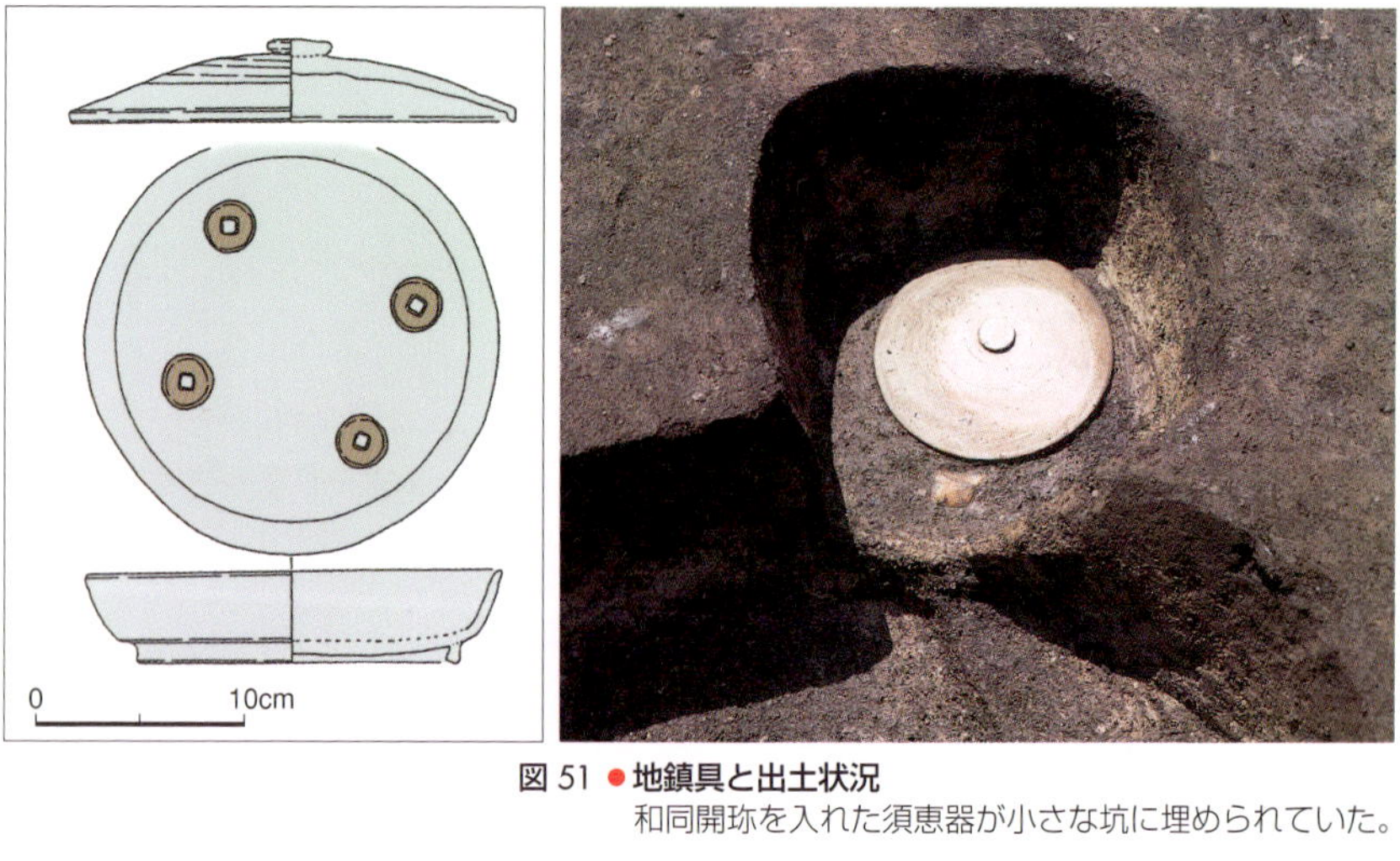

図51 ● 地鎮具と出土状況
和同開珎を入れた須恵器が小さな坑に埋められていた。

高杯が倒立して蓋として被せられていた。この土坑は、奈良時代中期の南北に庇をもつ桁行五間・梁行三間の掘立柱建物の東北端の柱掘形上面にあった。建物の廃絶後に和同開珎をいれた杯を埋めており、その目的が土地に対する地鎮なのか、建物などに対する地鎮なのかは特定できない。

この土坑のあった調査区周辺では、時期はくだるが、平安時代中期にあたる一〇世紀前葉の埋納遺構が確認されている（図52）。土坑は四〇×三六センチ、深さ約三五センチの柱穴状で、底部に土師器壺を正置し、その上部に土師器杯五枚以上が埋納されていた。壺内部には、「延喜通宝」（九〇七年初鋳）約九枚とその上に径約三センチの白色粘土玉二個がおさめられていた。土師器壺は胴部に穿孔がなされ、ほかでの出土例はない。埋納土器として製作されたものと考えられる。

この西では、同様に約一・五×一メートルの土坑内に「延喜通宝」四枚以上を含む銭貨二一枚をおさめ、土師器杯で蓋をした土師器壺が横倒しの状態で検出された。周辺には、蓋と同形の土師器杯が一一点重ねておかれていた。

図52 ●胞衣壺か？
壺に意図的に穴をあけ、「延喜通宝」などの銭貨や土師器杯などを埋納する。

なお、土師器壺は肩部に焼成後の穿孔があり、先の土坑と同形式である。両者の距離は約五八・二メートル（約二〇〇尺）で、両者を結ぶ直線軸は、東から北へ五度ほど振れており、方格地割の振れと同じである。斎宮跡のほぼ同一空間で、ほぼ同時期に埋納されたこれら二つの土器が、地鎮にともなうものか、あるいはほかの目的で埋納されたかは即断できない。ただ、両方とも壺内には「延喜通宝」とともに骨片とみられるものもおさめられており、胞衣壺《えなつぼ》の可能性も否定できない。

祭祀に使われた土馬

土馬は古墳時代から平安時代前半にかけて、祭祀遺物として広く用いられ、ことに奈良時代には都城を中心に多くの出土例が知られている。斎宮跡でも四三点以上が出土している。龍とまじわって駿馬を得るという中国南部の龍媒《りゅうばい》伝説が朝鮮半島をへて伝わり、土馬は馬の形代として、雨乞いあるいは止祈雨《しきう》の祭祀に用いられたと考えられる。また、疫神の乗り物にみたて、これを壊すことにより、疫神の到来を防ごうとしたともされる。土馬は溝や井戸などの水にかかわった遺構から出土することが多く、完形で出土することはない。

斎宮跡の土馬の出土は史跡指定地全体に認められるが、なかでも西部に多く出土している傾向がみられ、とくに古里地区での出土が多い。古里地区は飛鳥・奈良時代の遺構が多く確認されており、創設期の斎宮が想定される地区である。この地区では、伊勢官道や大溝周辺での出土が目立つ（図49）。また、史跡東部では、方格地割の道路・区画溝周辺での出土が多い。

斎宮跡の土馬のなかで、とくに注目されるのは、古里地区出土の朱彩の大型土馬である（図3参照）。この土馬は脚部と尾部を欠損するが、現存長が三〇センチ近くあり、全国的にみても最大級のものであり、全面に朱が塗られていた。土馬の表現も、鞍《くら》・面繋《おもがい》・手綱《たづな》・胸繋《むながい》・尻繋《しりがい》・障泥《あおり》をあらわし、これらをつなぐ紐も粘土紐で表現して竹管の刺突文を施すなど、写実的な表現を用いている。また、胴部も空洞ではなく、この点でもほかの土馬とは異なっている。奈良時代の大溝出土であることから、奈良時代以前の水にかかわる祭祀に用いられたものと考えられる。

奈良時代の土馬は、平城宮などのものと形態も類似してくる。馬具類を粘土紐貼り付けと線刻により表現し、体部は中空となる（図53）。全長も二〇センチ程度の大きさと推定される。時代が下がるにつれ、馬具の表現は簡素化され、平安時代前期には馬の形態を示すのみとなる。

竈神の祭祀に使われたミニチュア土器

実用的ではなく、日常生活で用いられている土器を模し

図 53 ● **土馬**
斎宮跡からは、これまでに 43 点の土馬が出土している。写真の土馬も脚が折られていたことがわかる。

て製作された土器の形代を、ミニチュア土器とよんでおり、祭祀などに用いたと考えられている。斎宮跡でも二〇〇点以上が出土し、土師器・黒色土器・須恵器・灰釉陶器の器種がある。土師器では杯・椀・鉢・壺、甕・鍋・羽釜《はがま》・甑《こしき》・竈《かまど》、黒色土器では鉢、須恵器では杯・蓋・壺・短頸壺《たんけいつぼ》・托《たく》・円面硯、灰釉陶器では短頸壺がある（図54）。全体に杯・鉢・托などの供膳形態は少なく、土師器の甕・甑・竈などの煮沸形態が多い。

　これらの煮沸形態の出土地をみると、竈は方格地割の「内院」である鍛冶山西区画とその北の西加座南区画に限定されている。甕はほぼ方格地割内に限られ、やはり鍛冶山西区画と西加座南区画の周辺に集中しており、甑も同様な傾向を示す（図49）。土馬が史跡指定地全体に分散し、とくに西部に多くみられるのに対し、煮沸形態のミニチュア土器は方格地割内に集中している。このことから、ミニチュア土器は、平安時代を中心におこなわれた祭祀を反映

図 54 ● ミニチュア土器
日常生活で用いられた土器の形代として、竃・甑・甕などがある。
約 2 ～ 9 ㎝ほどの大きさ。

しているとと考えられる。

竈・甑・甕のミニチュア土器は、『延喜式』に記された竈神の祭祀である「竈神祭」「忌火・庭火神」との関係が推察される。斎宮では、竈神は殿部司・炊部司、忌火・庭火神は炊部司・水部司がそれぞれの祭祀を担当したとされ、二月の祈年祭・一一月の新嘗祭でおこなわれた祭祀行為との関連が知られるが、その詳細は不詳である。

穢れを祓う人面墨書土器

祭祀に用いたと考えられる墨書土器に、人面墨書土器がある。

人面墨書土器は、穢《けが》れを祓《はら》うため、土師器の甕や壺の体部に人の顔を墨書したもので、奈良時代に盛行し、平城宮や各地の国庁などの官衙では膨大な人面墨書土器が出土している。

斎宮跡では、六点の人面墨書土器が確認されており、いずれも方格地割内での出土である。井戸から出土した土師器高杯の脚部の内外面に一〇人の粗雑な顔が描かれている（図55－5）。脚柱部にも唇とみられる墨書が認められ、脚部内面にはやや垂れぎみの目や眉毛、髪の毛や髭と大きな鼻の人物の左顔が描かれている。この井戸からは、刀形木製品や馬歯なども出土しており、九世紀後半の祭祀の一端を示している。

時代が少しくだった、平安時代後期にあたる一一世紀の土師器小皿の底部外面にも人面が墨書されている。眉毛や目・鼻・口のほかに額に横線（一文字）が加えられ、巫女を表現したものかもしれない（図55－2・3）。

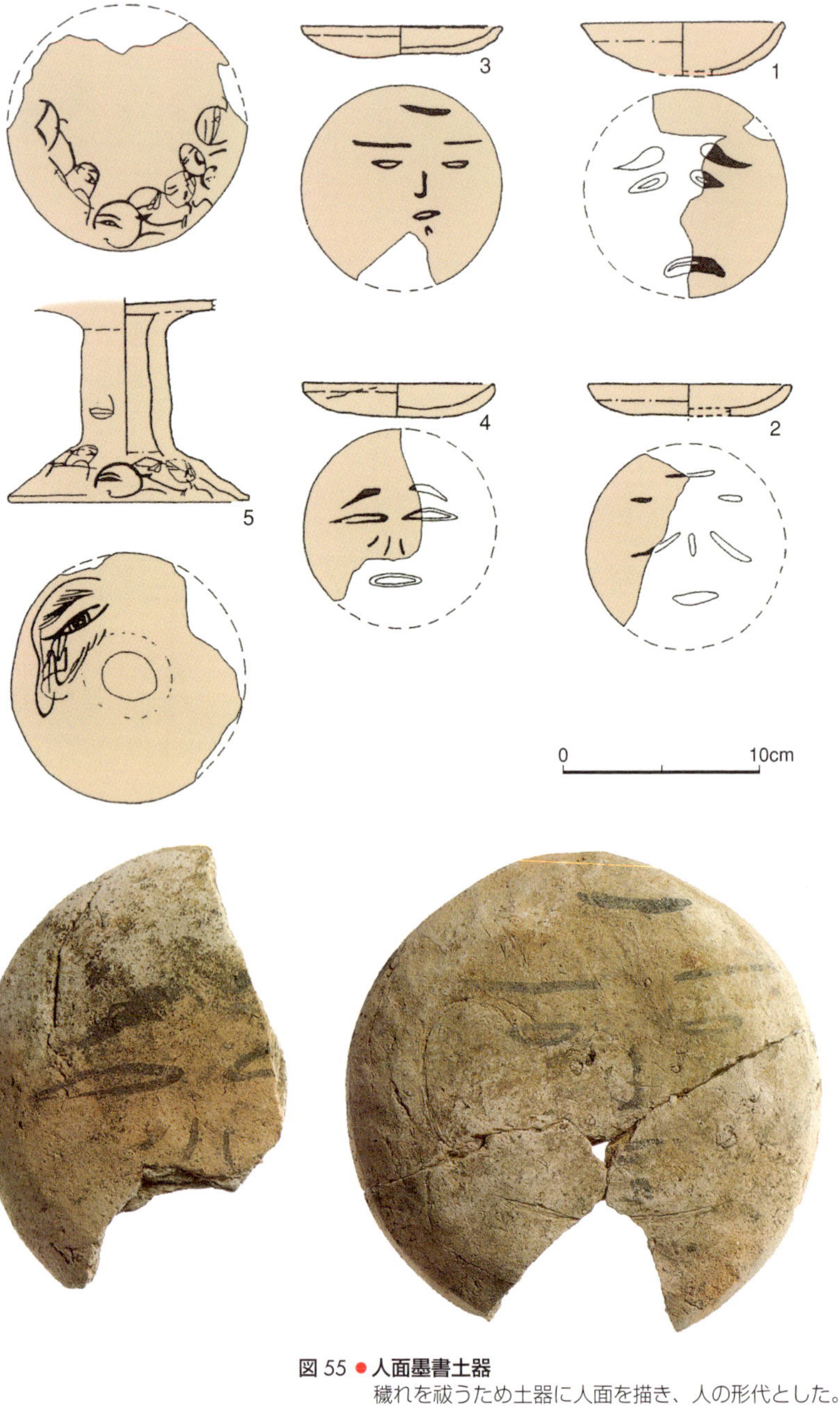

図 55 ● **人面墨書土器**
穢れを祓うため土器に人面を描き、人の形代とした。

斎宮跡出土の人面墨書土器は量的にも限られ、表現された人面も、都城遺跡で出土しているような荒々しい表現で畏怖を与えるものではない。そのため、かならずしも疫神を表現し、その祓いに用いられたとは断定できない。都城遺跡の人面墨書土器は、宮の四隅の道路側溝、東西大路・小路と交差する付近の南北大路側溝、市へ資材を運ぶ運河、市周辺の溝など宮外で集中して出土しており、道教系の疫神除けの呪術の呪具と考えられる。

吉兆語句や魔除けの墨書

斎宮跡からは、これらの祭祀遺物以外にも吉兆語句と思われる文字などを記した墨書土器・線刻土器が出土し、「豊兆」「豊」「□□□福□□□」「富」などの墨書が確認されている。なお、これまで井戸とのかかわりが想定されてきた「井」字状の墨書や線刻された土器片については、井戸からの出土例がほとんどないことから、これらの墨書あるいは線刻は記号と考えられる。海女が身につける「▦」（ドーマン）の魔除けの記号である可能性が指摘されている。

これらの魔除け、疫神の祓いなどにかかわる祭祀遺物は、どのように使われたのだろうか。また、その行為は、はたして公的な祭祀として考えるべきものか、あるいは個人的な祭祀行為としておこなわれたものか、今の段階では不明な点が多い。

第6章　史跡に暮らす人びと

1　史跡とともに

史跡指定への人びとの決断

一九七九年三月二七日、わが国屈指の面積をもつ国の史跡（宮跡）として指定された斎宮跡は、史跡内に約六〇〇世帯もの人びとが生活する。史跡のある明和町は、まさに生きた歴史の町なのである。

史跡指定にあたっては、土地を所有する地権者の不安も大きく、指定同意は地権者の七五パーセントにとどまった。しかし、一三七ヘクタールの史跡指定は、斎宮跡のほぼ全体を面的に保存しており、追加指定の必要性などの問題はほとんどない。また、大規模な史跡保存は、遺構と、時代とともに変遷する周辺環境も保護することが可能である。史跡の保護措置が面的におこなわれるべきことの重要性を示している。これまでに公有化された土地は、史跡全体の二五パーセントにあたる約三四ヘクタールとなり、そのうち、計画的に整備された面積は約一六ヘクタールとなっている。

史跡指定には、全国的な文化財保護運動の高まりを背景に、永年にわたり文化財保護の努力を惜しまれなかった村上喜雄《むらかみよしお》氏を事務局長とする三重県文化財を守る会の貢献も大きい。また、文化庁をはじめ三重県教育委員会や明和町の行政当局や県議会・町議会の保存の努力や、町の将来を見すえた町長をはじめとする町職員の努力も高く評価される。当時、三重県教育委員会で文化財保護を担当していた小玉道明《こだまみちあき》氏・下村登良男《しもむらとらお》氏・吉村利男《よしむらとしお》氏や、現地で調査を担当していた山澤義貴氏・谷本鋭次《たにもとえいじ》氏などの精力的な地元への働きかけもあった。地元の人びとの理解と協力なくしては、史跡の指定はならない。

広範な分野の研究者の講演は、人びとに斎宮跡の理解と国民としてはたすべき責務を目覚めさせ、町民は期待と不安の入り交じるなか、史跡指定の同意を決断した。町の発展を斎宮跡という史跡にゆだねたのであった。

たちあがる住民

明和町では斎宮跡を町の発展の要《かなめ》ととらえ、史跡の町として積極的なとり組みがなされている。一九八二年、この地で亡くなった斎王の霊を慰めようと、地元婦人会の有志が斎王の森でおこなった行事に、翌年からは町内文化団体も加わって実行委員会が組織され、次の年から幼稚園児による斎王行列がおこなわれた。この「斎王まつり」(図56)は、年々活気をおび、一九八九年からは斎王は成人がつとめるようになる。その後、斎王・子供斎王・命婦などを全国から募集して、平安時代の衣装をまとってもらう壮麗な行事となり、今や三重県を代表するイベントの一つとして定着した。

春三月には、斎宮歴史博物館の梅まつり、六月には斎王まつり、一一月には斎宮跡歴史ロマン広場で斎宮浪漫まつりも開催され、いつきのみや歴史体験館で随時開催されている年中行事とともに、王朝文化にふれることができる。

二〇〇〇年には、地権者を守る会も斎宮跡協議会と名称を改め、史跡の保存と町の発展をめざしている。そして、斎宮跡協議会のリーダーや明和町の商工・観光協会が中心になり、斎宮跡語り部の育成をおこなうなど、積極的な町民参加がみられる。二〇〇六年には、「明日の斎宮を考える会」が発足し、斎宮跡や参宮街道などの文化遺産をいかしたまちづくりにもとり組

図 56 ● **斎王まつり**
1982 年からはじまった斎王まつりは、全国からの参加者もまじえ、三重県の大きなイベントとして、毎年 6 月に開催されている。

んでいる。

また、一九八九年の斎宮歴史博物館の開館にあわせて、博物館友の会に加入した県民が博物館運営を支えるとともに、県内外の史跡などを探索している。また、二〇〇〇年には、斎宮にかかわる調査や研究をめざす「斎宮アカデミー」も結成され、『延喜式』の講読と平安時代の史跡・社寺を訪れる活動をつづけている。町民や県民も斎宮跡を学び、地域の歴史と文化に誇りをもち、地域の発展を願って大きく動きだしている。

二〇〇九年三月一九日には、文化財保護審議会から、斎宮跡出土品二六六一点が一括して、国の重要文化財に答申された。同年三月に明和町は、史跡指定三〇周年を記念した記念式典を開催し、斎宮跡の将来に向けた保存と活用の新たなとり組みがはじまろうとしている。

2　これからの課題

現在のところ、発掘調査されたのは、史跡指定地全体の約一五パーセントにすぎないが、これまでに奈良時代後期から平安時代中期までの内院などの中枢部が明らかになっている。しかし、調査成果のなかから新たな課題も出てきた。飛鳥時代から奈良時代の創設期の斎宮、平安時代中期以降の衰退期の斎宮像については、今後の調査にゆだねられている。

発掘調査や史料調査にもとづく研究成果は、斎宮歴史博物館の展覧会として開催されている。国史跡指定前からおこなわれている全国の研究者を招聘しての講演会は、斎宮歴史博物館や姉妹館の「いつきのみや歴史体験館」の公開講座として継続されている。

今後は、斎宮歴史博物館を核として、全国の叡智をあつめ、斎王とその時代に焦点をすえた王朝文化の多角的な調査・研究を核とする「斎宮学」の確立につとめる必要がある。

主な参考文献

三重県教育委員会・三重県斎宮跡調査事務所　一九八〇～一九八九『三重県斎宮跡調査事務所年報　史跡斎宮跡』
斎宮歴史博物館　一九九〇～『史跡斎宮跡　発掘調査概報』
明　和　町　一九八五～『史跡斎宮跡　現状変更緊急発掘調査報告』
榎村寛之　一九九六『律令天皇制祭祀の研究』塙書房
杉谷政樹　一九九七「古代官道と斎宮跡について」『研究紀要第6号』三重県埋蔵文化財センター
斎宮歴史博物館・朝日新聞社文化企画局名古屋企画部　一九九九『幻の宮　伊勢斎宮』
斎宮歴史博物館　二〇〇〇『国史跡斎宮跡発掘30周年記念特別展　器は語る700年』
斎宮歴史博物館　二〇〇一『斎宮跡発掘調査報告Ⅰ―内院地区の調査』
京都市埋蔵文化財研究所　二〇〇二『平安京右京三条二坊十五・十六町―「斎宮」の邸宅跡―』
斎宮歴史博物館　二〇〇二『斎宮跡史跡整備報告―斎宮跡地方拠点史跡等総合整備事業』
榎村寛之　二〇〇四『伊勢斎宮と斎王』塙書房
明　和　町　二〇〇五『明和町史　斎宮編』
泉　雄二　二〇〇六『伊勢斎宮跡』同成社
大川勝宏　二〇〇八「斎宮跡の祭祀と出土遺物」『三重県史　資料編考古2』三重県
榎村寛之　二〇〇九『伊勢斎宮の歴史と文化』塙書房

斎宮跡

・三重県多気郡明和町

明和町の中心部に位置し、東西約二キロ、南北約〇・七キロが国の史跡に指定されている。明和町と斎宮歴史博物館が現在も発掘調査をおこなっており、現地説明会も随時ひらかれる。

斎宮歴史博物館

・三重県多気郡明和町竹川五〇三

・電話　0596（52）3800

・開館時間　9：30〜17：00（入館は16：30まで）

・休館日　月曜日（祝日・休日の場合を除く）、祝日・休日の翌日（土曜日を除く）、12月29日〜1月3日

・入館料　一般340円、大学生220円、小・中学生・高校生は無料（特別展・企画展は別に設定される）

・交通　近鉄斎宮駅より徒歩15分
車で伊勢自動車道「玉城ＩＣ」より20分

一九八九年に設立。館は遺跡を破壊しないように特別な工法で建てられている。発掘調査や史料調査にもとづく研究成果が展示され、姉妹館のいつきのみや歴史体験館とともに史跡全体を見学空間とする遺跡博物館として斎宮の公開普及につとめている。

斎宮歴史博物館

いつきのみや歴史体験館

・三重県多気郡明和町斎宮三〇四六―二五

・電話　0596（52）3890

・開館時間・休館日は斎宮歴史博物館と同じ

・入館料　無料（体験には参加費が必要）

・交通　近鉄斎宮駅下車すぐ

平安時代の貴族の邸宅「寝殿造」をモデルに釘を一本も使わない古代の建築技法によって建てられている。平安時代の遊びや十二単の試着、機織りなど、当時の人びとの生活を体験できる。

十二単の体験

刊行にあたって

「遺跡には感動がある」。これが本企画のキーワードです。

あらためていうまでもなく、専門の研究者にとっては遺跡の発掘こそ考古学の基礎をなす基本的な手段です。また、はじめて考古学を学ぶ若い学生や一般の人びとにとって「遺跡は教室」です。

日本考古学では、もうかなり長期間にわたって、発掘・発見ブームが続いています。そして、毎年厖大な数の発掘調査報告書が、主として開発のための事前発掘を担当する埋蔵文化財行政機関や地方自治体などによって刊行されています。そこには専門研究者でさえ完全には把握できないほどの情報や記録が満ちあふれています。しかし、その遺跡の発掘によってどんな学問的成果が得られたのか、その遺跡やそこから出た文化財が古い時代の歴史を知るためにいかなる意義をもつのかなどといった点を、莫大な記述・記録の中から読みとることははなはだ困難です。ましてや、考古学に関心をもつ一般の社会人にとっては、刊行部数が少なく、数があっても高価なその報告書を手にすることすら、ほとんど困難といってよい状況です。

いま日本考古学は過多ともいえる資料と情報量の中で、考古学とはどんな学問か、また遺跡の発掘から何を求め、何を明らかにすべきかといった「哲学」と「指針」が必要な時期にいたっていると認識します。

本企画は「遺跡には感動がある」をキーワードとして、発掘の原点から考古学の本質を問い続ける試みとして、日本考古学が存続する限り、永く継続すべき企画と決意しています。いまや、考古学にすべての人びとの感動を引きつけることが、日本考古学の存立基盤を固めるために、欠かせない努力目標の一つです。必ずや研究者のみならず、多くの市民の共感をいただけるものと信じて疑いません。

著者紹介

駒田利治（こまだ・としはる）

1948年、三重県生まれ
三重大学教育学部卒業。立正大学大学院文学研究科修士課程修了。教職を経て、1977年から三重県教育委員会に勤務。斎宮歴史博物館調査研究課長、文化財保護チームマネージャー、世界遺産特命監を務め、2008年退職。現在、三重県史編集委員。
主な著作『三重県史　資料編考古１・考古２』、『明和町史　斎宮編』、『四日市市史　第３巻資料編考古Ⅱ』、『上野市史　考古編』、『三重県の歴史』（山川出版社）（以上共著）ほか

写真提供
三重県立斎宮歴史博物館：図2～8・12・13・18・21・23・24・26・27・36・38～40・42～48・51～55・博物館全景・35（伊勢市教育委員会蔵）・37（個人蔵）
独立行政法人国立公文書館：図14
いつきのみや歴史体験館：十二単の体験

図版出典
図9～11・28・表1：三重県立斎宮歴史博物館、図15：『大神宮叢書神宮神事考證』神宮司庁、図20・41・49：『斎宮跡発掘調査報告Ⅰ』、図29：『三重県斎宮跡調査事務所年報1987　史跡斎宮跡発掘調査概報』、図31・55：『明和町史　斎宮編』、図32・34：『平安京右京三条二坊十五・十六町―「齋宮」の邸宅跡―』京都市埋蔵文化財研究所、図33：京都市埋蔵文化財研究所、図50・51：『三重県史　資料編考古2』

上記以外は著者

シリーズ「遺跡を学ぶ」058
伊勢神宮に仕える皇女・斎宮跡《さいくうあと》

2009年6月20日　第1版第1刷発行
2017年4月15日　第1版第2刷発行

著　者＝駒田利治

発行者＝株式会社 新 泉 社
東京都文京区本郷2-5-12
TEL03(3815)1662／FAX03(3815)1422
印刷／萩原印刷　製本／榎本製本

ISBN978-4-7877-0938-7　C1021

シリーズ「遺跡を学ぶ」